JN017393

特定行政書士法定研修考査

［第2版］

合格対策

要点解説と模擬問題

特定行政書士 岡田 忠興

税務経理協会

第２版はしがき

　本書の初版を発刊してから３年半が経過しました。特定行政書士法定研修考査は８回を数え、特定行政書士は全国で5,213人となりました。

　本書は考査対策の指針を提供するものです。この考査は落とすための試験ではありませんが、毎年の合格率（全国平均）は60〜70％程度にとどまります。「しっかりと学習しなければ、合格するのは難しい」というのが受験者を見てきた私の実感です。手を広げず、ポイントを絞った対策をすることが必要になりますが、そのために執筆したのが本書です。現在に至るまで、考査問題・解答は日本行政書士会連合会から公表されていません。そのため考査受験者の多くは、過去問を分析し重要事項を整理した本書を利用して合格されました。

　考査合格の肝は行政法３法（行政不服審査法、行政手続法、行政事件訴訟法）の学習です。この３法の重要条文を理解し、記憶することが合格のためには何よりも必要です。初版の読者からは、本書巻末に条文を掲載してほしいという声をいただきました。しかし、大切なのは六法をこまめに引くことです。また、条文が改正される可能性があることも考えた結果、改訂版でも条文は掲載しないこととしました。最新版の六法に書き込みをしながら情報を集約し、知識の定着を図っていただきたいと思います。

　本書初版の刊行後、「行政書士法の一部を改正する法律」が令和元年12月４日に公布され、行政書士法の目的（１条）に「国民の権利利益の実現に資すること」が明記されました。これに伴い、不服申立代理権を持つ特定行政書士の役割はますます大きくなっています。行政書士の皆様の多くが特定行政書士になられることを願ってやみません。

令和５年６月

岡田　忠興

はしがき

　本書は、特定行政書士法定研修考査を受験される行政書士を主な対象としています。

　考査は平成27年度からこれまで４回実施されてきましたが、考査問題・解答は日本行政書士会連合会から公表されていません。そのため、受験者はどのような問題が出題され、どう準備したらよいのかわからず、手探りの状態が続いてきました。

　長野県行政書士会では第２回考査（平成28年度）から毎年、考査対策セミナーを実施しています。私は第１回考査に合格し、このセミナーの講師を務めてきました。昨年の第４回セミナーでは、自作の問題演習・解説も加えています。第４回考査の合格率は68.3％（全国）ですが、長野県行政書士会は87.5％と全国平均を大きく上回る結果となりました。

　本書の発刊は、セミナーを受講し合格された方からお勧めいただいたのがきっかけです。セミナーで使用してきた資料と講義内容をもとに本書を執筆しました。特に要件事実・事実認定論は、基本から丁寧に解説したつもりです。ほとんどの受験者にとって初めて学ぶ分野ですが、法定研修の講義を聴いただけでは未消化の方が多いと感じているためです。時間に余裕のある方は、この分野のベースとなる民事訴訟法を学んでいただきたいと思います。また、審査請求の手続を条文と照らし合わせながら具体的にイメージできるよう、フローチャートと書式例を掲載しました。特定行政書士の実務においてもそのままお使いいただける内容です。さらに、考査に合格できなかった方については、条文をきちんと読めていないことが原因と思われる場合が散見されることから、条文の読み方等の基礎法学の分野についても若干の解説を加えました。

私は、全国紙の記者を17年間務めた後、法科大学院で法律基本科目のほか要件事実・事実認定論等の実務基礎科目を学びました。行政書士登録した１年目から長野県行政書士会のADR研修を受け、この分野にも関心を持ちました。平成25年から民事調停委員を、29年からは司法委員候補者を拝命しています。調停では申立人と相手方の言い分を聴き、双方納得できる調停案を模索する過程において、要件事実・事実認定論の実践を肌で感じています。

　長野県行政書士会の考査対策セミナーでは毎年、参加者全員に合格していただきたいという思いで資料を作成し、お話しをしてきました。本書をお読みいただく皆様にも是非、目標を達成していただきたいと願っています。本書がそのための一助になれば幸いです。

　本書刊行にあたっては、平成30年度考査に合格された、長野県行政書士会の小池孝明氏には原稿に目を通していただき貴重なご意見をいただきました。また、税務経理協会編集第１グループ部長の小林規明氏と鬼頭沙奈江氏には多大なご協力をいただきました。これを最後に記して謝意に代えたいと思います。

令和元年８月

岡田　忠興

CONTENTS

1　法令

法令名は、正式名称で示しているほか、以下の略語でも記載しています。

行審法　行政不服審査法

行手法　行政手続法

行訴法　行政事件訴訟法

民訴法　民事訴訟法

2　判例

判例は、たとえば、最高裁判所昭和43年11月27日大法廷判決（最高裁判所刑事判例集第22巻第12号1402頁掲載）については、最大判昭和43年11月27日刑集22巻12号1402頁、又は、最大判昭和43・11・27刑集22巻12号1402頁と略して記載しています。

判例集の略語は以下のとおりです。

民集　最高裁判所民事判例集

刑集　最高裁判所刑事判例集

民録　大審院民事判決録

判時　判例時報

判タ　判例タイムズ

集民　最高裁判所裁判集民事

訟月　訟務月報

行裁　行政事件裁判例集

第1章
特定行政書士法定研修考査の分析・対策

　令和5年度の特定行政書士法定研修考査は、10月22日（日）です。

　本書の解説及び模擬問題演習をもとにポイントを押さえた勉強をすれば合格できるはずです。

　考査の合格基準点は、「およそ6割程度」です。30問中20〜25問正解を目指してください。

　考査当日までに準備すべきことは以下のとおりです。

■ 考査当日までにすべきこと

① 行政不服審査法、行政手続法、行政事件訴訟法の条文の見直し

　　3法はこの順番で重要です。「第2章 行政法の重要事項」で強調した重要条文をしっかりと理解し、ポイントとなる文言を頭に入れてください。

② 日行連中央研修所研修サイトの〈特定行政書士プレ研修〉確認テストの演習

　　これまでの考査では、この確認テストから類似問題が複数出題されています。

③ 『特定行政書士法定研修テキスト』の熟読

　　ただし、参考資料となっている行政手続法の参照条文、事例問題の部分（行政手続法の論点①②、総まとめ）は重要度は低いです。

④ 本書の主として「第3章 要件事実・事実認定論の総復習」及び「総合模擬問題演習」

---

1 考査の出題形式

（1） 令和5年度

（『月刊 日本行政4月号』（令和5年3月25日発行）35～40頁）

① 日時・会場

・令和5年10月22日（日）14：00～16：00 （2時間）

・所属の単位会が指定する会場において実施（全国一斉開催）

※ 考査開始後10分を過ぎた遅刻者は受験できない。

② 考査について

・令和5年度特定行政書士法定研修の講義科目に関する理解度を測るための考査

・マークシートによる30問択一式問題

③ 出題範囲

講義科目（法定研修テキスト及びサブテキスト『行政書士のための行政法』『行政書士のための要件事実の基礎』（いずれも日本評論社刊）を含む）の内容の理解を問う出題

④ 考査到達基準点

例年およそ6割程度

（2） 令和4年度

・試験時間2時間

・マークシートによる四肢択一式

・30問 　①問題1～8 　　　　　（8問）：行政手続法

②問題9～16 　　　　（8問）：行政不服審査法

③問題17～20 　　　　（4問）：行政事件訴訟法

④問題25、26 　　　　（2問）：民事訴訟法

⑤問題27 　　　　　　（1問）：民事事実認定

⑥問題21、22、23、24（4問）：要件事実

⑦問題28、29 　　　　（2問）：行政書士の倫理

⑧問題30 　　　　　　（1問）：特定行政書士の倫理

※　以下の年度では、出題分野が複数にまたがる問題があるため、（　）内の
　　合計が30問を超える場合があります。

（3）　令和３年度

- ・試験時間２時間
- ・マークシートによる四肢択一式
- ・30問　①問題１〜８　　　　　　（８問）：行政手続法
　　　　　②問題９〜16　　　　　　（８問）：行政不服審査法
　　　　　③問題17〜20　　　　　　（４問）：行政事件訴訟法
　　　　　④問題21、22、23、24　（４問）：民事訴訟法
　　　　　⑤　　─　　　　　　　　（０問）：民事事実認定
　　　　　⑥問題21〜28　　　　　　（８問）：要件事実
　　　　　⑦問題29　　　　　　　　（１問）：行政書士の業務範囲
　　　　　　　　　　　　　　　　　　　　　　（業際問題）
　　　　　⑧問題30　　　　　　　　（１問）：特定行政書士の倫理

（4）　令和２年度

- ・試験時間２時間
- ・マークシートによる四肢択一式
- ・30問　①問題１〜８　　　　　　（８問）：行政手続法
　　　　　②問題９〜16　　　　　　（８問）：行政不服審査法
　　　　　③問題17〜20　　　　　　（４問）：行政事件訴訟法
　　　　　④問題21、22、23、26　（４問）：民事訴訟法
　　　　　⑤　　─　　　　　　　　（０問）：民事事実認定
　　　　　⑥問題24、25、27　　　　（３問）：要件事実
　　　　　⑦問題28、29　　　　　　（２問）：特定行政書士の倫理
　　　　　⑧問題30　　　　　　　　（１問）：行政書士の業務範囲
　　　　　　　　　　　　　　　　　　　　　　（業際問題）

（5） 令和元年度

- ・試験時間 2 時間
- ・マークシートによる四肢択一式
- ・30問　①問題 1 ～ 8　　　　　（ 8 問）：行政手続法
　　　　　②問題 9 ～16　　　　　（ 8 問）：行政不服審査法
　　　　　③問題17～20、26、27（ 6 問）：行政事件訴訟法
　　　　　④問題21、22　　　　　（ 2 問）：民事訴訟法
　　　　　⑤　　―　　　　　　　（ 0 問）：民事事実認定
　　　　　⑥問題24、25、26、27（ 4 問）：要件事実
　　　　　⑦問題28　　　　　　　（ 1 問）：行政書士の倫理
　　　　　⑧問題29、30　　　　　（ 2 問）：特定行政書士の倫理
　　　　　⑨問題29　　　　　　　（ 1 問）：特定行政書士の業務範囲
　　　　　　　　　　　　　　　　　　　　　（業際問題）

（6） 平成30年度

- ・試験時間 2 時間
- ・マークシートによる四肢択一式
- ・30問　①問題 1 ～ 8　　　　　（ 8 問）：行政手続法
　　　　　②問題 9 ～16　　　　　（ 8 問）：行政不服審査法
　　　　　③問題17～23　　　　　（ 6 問）：行政事件訴訟法
　　　　　④問題17、24、27　　　**（ 3 問）：民事訴訟法**
　　　　　⑤問題27　　　　　　　（ 1 問）：民事事実認定
　　　　　　　　　　　　　　　　　　　　　（民事訴訟における証拠）
　　　　　⑥問題21～27　　　　　**（ 7 問）：要件事実**
　　　　　⑦問題28～29　　　　　（ 2 問）：特定行政書士の倫理
　　　　　⑧問題30　　　　　　　（ 1 問）：行政書士の業務範囲（業際問題）

（7） 平成29年度

- ・試験時間 2 時間
- ・マークシートによる四肢択一式
- ・30問　①問題 1 ～ 8　　　　　（ 8 問）：行政手続法

　　　　②問題 9 〜 16　　　　（ 8 問）：行政不服審査法

　　　　③問題16〜20、25、28（ 7 問）：行政事件訴訟法

　　　　④問題29　　　　　　　（ 1 問）：民事訴訟法

　　　　⑤問題22　　　　　　　（ 1 問）：民事事実認定

　　　　　　　　　　　　　　　　　　　　（民事訴訟における証拠）

　　　　⑥問題21、24、25、27（ 4 問）：要件事実

　　　　⑦問題23、26、28、30（ 4 問）：特定行政書士の倫理

　　　　⑧問題23、26　　　　　（ 2 問）：行政書士の倫理

（8）　平成28年度

- ・試験時間 2 時間
- ・マークシートによる四肢択一式
- ・30問　①問題 1 〜 8　　　　　（ 8 問）：行政手続法

　　　　②問題 9 〜 16、23　　　（ 9 問）：行政不服審査法

　　　　③問題17〜20、22　　　（ 5 問）：行政事件訴訟法

　　　　④問題25、26　　　　　　（ 2 問）：民事事実認定

　　　　　　　　　　　　　　　　　　　　（民事訴訟における証拠）

　　　　⑤問題21、22、24　　　（ 3 問）：要件事実

　　　　⑥問題27〜30　　　　　（ 4 問）：特定行政書士の倫理

（9）　平成27年度

- ・試験時間 2 時間
- ・マークシートによる四肢択一式
- ・30問　①問題 1 〜 8　　　　　（ 8 問）：行政手続法

　　　　②問題 9 〜 16　　　　　（ 8 問）：行政不服審査法

　　　　③問題17〜20　　　　　（ 4 問）：行政事件訴訟法

　　　　④問題21、23　　　　　　（ 2 問）：民事訴訟法

　　　　⑤問題22　　　　　　　（ 1 問）：民事事実認定

　　　　⑥問題24、25　　　　　　（ 2 問）：要件事実

　　　　⑦問題26〜30　　　　　（ 5 問）：特定行政書士の倫理

2　令和5年度の特定行政書士法定研修（講義）

科　目	時　間（コマ数）
行政法総論	1時間（1コマ）
行政手続制度概説	1時間（1コマ）
行政手続法の論点	2時間（2コマ）
行政不服審査制度概説	2時間（2コマ）
行政不服審査法の論点	2時間（2コマ）
行政事件訴訟法の論点	2時間（2コマ）
要件事実・事実認定論	**4時間（4コマ）**　←3時間（3コマ）から変更 （平成28年度以降）
特定行政書士の倫理	2時間（2コマ）　←3時間（3コマ）から変更 （平成28年度以降）
総まとめ	2時間（2コマ）

3　平成27年度〜令和4年度考査の問題内容

（1）　令和4年度

問題	内　容	備　考
1	行政手続法の処分手続の適用除外	行手法3条1項14号・6号・7号、行手法3条3項
2	行政手続法上の申請に対する処分	行手法7条、第三者に対する処分を求める申出、行手法37条、東京地判平成20・1・29、市町村区域内の開発行為についての市町村長の同意
3	行政手続法上の審査基準	行手法5条1項・3項
4	行政手続法上の申請拒否処分の理由提示義務	行手法8条1項本文・2項、最判平成11・11・19、最判昭和60・1・22、最判平成4・12・10
5	行政手続法における不利益処分	行手法12条、13条2項1号、31条・18条1項、14条1項・3項
6	行政手続法において聴聞が必要とされる不利益処分	行手法13条1項1号

7	行政手続法における行政指導	行手法34条、国賠法1条、行手法36条の3第1項、36条の2第3項
8	行政手続法における意見公募手続の対象となる「命令等」	行手法38条1項・2項8号、43条4項、42条、39条4項5号
9	行政不服審査法1条1項にいう「行政庁の違法又は不当な処分その他公権力の行使に当たる行為」	行政庁の裁量処分、裁量権の逸脱・濫用、「処分その他公権力の行使に当たる行為」に該当しない行政活動に対する審査請求、「その他公権力の行使に当たる行為」の内容
10	行政不服審査法7条1項に規定された同法の適用除外	行審法7条1項8号、同項6号、8条
11	行政不服審査法における再調査の請求	行審法5条、18条
12	行政不服審査法における不服申立手続	行訴法8条1項、行審法5条1項・2項、9条、43条、49条3項1号
13	行政不服審査法における審査請求の方式等	行審法19条1項、21条1項、19条3項2号、23条、24条
14	行政不服審査法における審理員の指名の要否	行審法9条1項ただし書
15	行政不服審査法における行政不服審査会等の設置及び役割	行審法67条1項、81条2項、43条1項5号・6号、79条
16	行政不服審査法における裁決	行審法44条、58条、59条、64条、65条、46条1項、45条1項
17	行政事件訴訟法が規定する行政事件訴訟	抗告訴訟（行訴法3条）、形式的当事者訴訟（同法4条）、民衆訴訟（同法5条）、機関訴訟（同法6条、42条）
18	行政事件訴訟法が規定する抗告訴訟	原処分主義（行訴法10条2項）、無効等確認訴訟（同法3条4項、36条）、不作為の違法確認訴訟（同法3条5項、37条）、差止訴訟（同法37条の4第1項）
19	行政事件訴訟法に規定する処分の取消訴訟	行訴法3条2項、9条1項、31条1項、32条
20	行政事件訴訟法に規定する処分の取消訴訟	行訴法11条1項1号・2項、12条1項・4項、8条2項2号、14条1項・2項
21	規範的要件	規範的要件、評価根拠事実、主要事実説、評価障害事実、『行政書士のための要件事実の基礎』55・56頁
22	貸金返還請求訴訟	顕著な事実（民訴法179条）、自白（同法159条1項）、積極否認

23	貸金返還請求訴訟において抗弁とならないもの	抗弁、否認 『行政書士のための要件事実の基礎』77～78頁
24	動産引渡請求訴訟	請求原因事実、抗弁、否認 『行政書士のための要件事実の基礎』93～101頁
25	貸金請求訴訟における原告の訴訟行為	処分権主義 『行政書士のための要件事実の基礎』73～78頁
26	民事訴訟における処分権主義・弁論主義	訴えの取下げ（民訴法261条2項）、請求の放棄（同法266条）、弁論主義の第1原則、弁論主義の第2原則、弁論主義の第3原則、立証責任
27	民事訴訟における事実・証拠	間接事実、補強証拠、直接証拠、処分証書、報告文書、公文書
28	行政書士の倫理	行政書士法1条、11条、行政書士倫理2条、16条
29	行政書士の倫理	行政書士法11条、行政書士倫理12条・13条、行政書士法10条、行政書士倫理17条1項・2項
30	審査請求に関する特定行政書士の実務の進め方	行政書士倫理2条、行審法19条3項、29条3項1号、30条1項

（2） 令和3年度

問題	内　容	備　考
1	行政手続法7条	行手法7条
2	行政手続法における審査基準	行手法5条、仙台高判平成20・5・28
3	行政手続法における標準処理期間	行手法6条
4	行政手続法における理由の提示	行手法8条
5	行政手続法における不利益処分	行手法14条1項・2項、12条1項、26条、18条1項
6	行政手続法における行政指導	行手法33条、35条2項1号・2号、35条3項・4項2号、34条
7	行政手続法における行政指導	行手法2条6号、36条の2第1項、36条、39条、2条8号、36条の3第1項・3項
8	行政手続法における意見公募手続	行手法38条1項・2項、39条1項・3項、40条2項、43条1項3号

9	平成28年施行の改正行政不服審査法	行審法1条1項、5条2項、8条1項、「異議申立て」制度
10	審査請求の審査庁	行審法4条
11	行政不服審査法における不服申立て	行審法5条、6条、3条
12	行政不服審査法における教示制度	行審法83条1項・5項、22条5項、82条3項
13	行政不服審査法における審査請求の手続	行審法19条1項、12条1項、行政書士法1条の3第1項2号・2項、行審法43条1項、16条
14	行政不服審査法における審理員の審理手続	行審法9条1項、17条、29条、31条5項、41条1項、42条
15	行政不服審査法における行政不服審査会	行審法43条1項、75条1項、76条、50条1項4号
16	行政不服審査法における執行停止	行審法25条7項、25条2項、25条4項・6項、5条
17	行政事件訴訟法の処分の取消しの訴え、裁決の取消しの訴え	行訴法3条2項、形成の訴え（『行政書士のための要件事実の基礎』112頁・123頁）、違法事由（同書124頁）、裁決主義・原処分主義（行訴法10条2項）
18	義務付けの訴え	行訴法3条6項2号、37条の3第1項、37条の2第3項、37条の2第5項、37条の3第5項
19	行政事件訴訟法が規定する公法上の当事者訴訟	行訴法4条、髙木光ほか『行政救済法 第2版』320頁・321頁
20	行政事件訴訟法が規定する仮の救済手段	行訴法25条、27条1項、37条の5、4条
21	不動産明渡訴訟	『行政書士のための要件事実の基礎』78〜92頁
22	処分権主義	処分権主義（民訴法246条）、請求の放棄・請求の認諾（同法266条1項） 『行政書士のための要件事実の基礎』12・13頁
23	売買代金支払請求訴訟における証拠	弁論主義の第1原則（『行政書士のための要件事実の基礎』21頁）、弁論主義の第2原則（同書22頁、28・29頁）、証拠共通の原則（同書32頁）、時効の援用（同書70頁）、最判昭和61・3・17
24	行政訴訟の要件事実	『行政書士のための要件事実の基礎』132頁、113頁、114頁、150頁

25	売買契約に基づく代金支払請求訴訟	請求原因、抗弁、否認、理由付き否認 『行政書士のための要件事実の基礎』66～72頁
26	民事訴訟の要件事実	主張立証責任、主張共通の原則（『行政書士のための要件事実の基礎』51頁）、否認・抗弁（同書54頁）
27	貸金請求訴訟における抗弁	抗弁、否認 『行政書士のための要件事実の基礎』77・78頁
28	貸金請求訴訟における抗弁	否認、弁済の抗弁 『行政書士のための要件事実の基礎』77・78頁
29	行政書士の業務範囲	行政書士法１条の２第２項、司法書士法73条１項・３条１項１号、弁護士法72条、法的紛議説（最一決平成22・7・20）
30	特定行政書士の倫理	行政書士法施行規則６条２項、行政書士倫理７条

（3） 令和２年度

問題	内　容	備　考
1	行政手続法における用語の定義	行手法２条１号・２号・６号・８号
2	行政手続法第３条第３項の規定が適用されないもの	行手法３条３項
3	申請に対する処分の手続	行手法５条、６条、８条、仙台高判平成20・5・28、最判平成４・12・10
4	行政手続法における申請と届出	行手法２条３号・７号
5	行政手続法における「聴聞」と「弁明の機会の付与」の手続	行手法13条１項、２項４号
6	行政手続法における不利益処分の手続	行手法15条１項、12条１項、14条１項・２項、18条、31条
7	行政手続法における行政指導	行手法32条１項、２条８号ニ、36条、35条３項、36条の２第１項
8	行政手続法における意見公募手続	行手法39条４項１号、41条、39条１項、43条１項
9	2016年の行政不服審査法改正	行審法43条、67条～80条、２条、３条、５条
10	行政不服審査法に基づく審査請求	行審法１条１項・２項、４条４号・１号、６条

11	行政不服審査法に基づく教示制度	行審法82条1項、83条5項
12	行政不服審査法に基づく審査請求手続	行審法19条1項、27条、12条、23条、24条、16条、最判昭和28・9・11
13	行政不服審査法における審理員	行審法9条1項・2項1号、17条、29条、30条、32条1項・2項
14	行政不服審査法における行政不服審査会	行審法67条1項、69条1項、74条、43条1項4号
15	行政不服審査法に基づく審査請求の裁決	行審法45条1項、行訴法31条、行審法45条3項、49条3項2号、48条
16	行政不服審査法における執行停止制度	行審法25条3項、40条、25条7項、26条、行訴法37条の5
17	行政事件訴訟法における訴訟類型	行訴法2条、3条3項、4条、5条、6条、地方自治法242条の2、242条
18	行政事件訴訟法の規定	行訴法25条2項・3項、7条、44条、37条の2第1項、37条の3第1項、9条2項
19	行政事件訴訟	行訴法12条4項、25条5項、37条の5第4項、『行政書士のための要件事実の基礎』47・48・125頁
20	取消訴訟	行訴法11条2項、9条1項、最判昭和59・10・26、行訴法22条1項、37条の5第2項
21	民事訴訟において、訴訟要件が欠けているとは判断されない場合	民訴法4条2項、最判昭和51・3・15、民訴法3条の7第1項
22	弁論主義の内容	弁論主義の第1原則（『行政書士のための要件事実の基礎』21頁）、弁論主義の第2原則（同書22頁）、主要事実・間接事実（同書22〜25頁）、弁論主義の第3原則（同書22頁）
23	訴えの取下げ	『行政書士のための要件事実の基礎』42・43頁、民訴法261条1項・2項
24	貸金返還請求訴訟における否認と抗弁	否認、抗弁 『行政書士のための要件事実の基礎』73〜78頁
25	処分取消しの訴えにおいて被告が立証責任を負う事項	立証責任、行訴法3条2項
26	裁判上の自白	裁判上の自白（『行政書士のための要件事実の基礎』22頁、24頁、28頁）、自白の撤回（同書29頁）、弁論主義の第2原則（同書22頁）

27	貸金返還請求訴訟	請求原因に対する認否（不知、否認）、再抗弁
28	特定行政書士の倫理	行政書士法10条、11条
29	特定行政書士として、農地関係の申請又は不服申立てにあたり留意すべき法令	農地法施行令、農地法施行規則、許可基準、細目事項
30	行政書士の業務範囲	行政書士法1条の2第1項、弁護士法72条

（4） 令和元年度

問題	内　容	備　考
1	行政手続法の制定	行手法6章、1条1項、3条3項
2	行政手続法における申請に対する処分	行手法7条、6条
3	行政手続法における審査基準	行手法5条、2条8号、39条
4	行政手続法における処分の理由の提示	行手法8条、14条、最判昭和60・1・22、最判平成4・12・10、最判平成23・6・7
5	行政手続法における不利益処分の例	行手法2条4号
6	聴聞と弁明の機会の付与	行手法13条1項1号、18条1項、17条、29条1項、19条1項
7	行政指導	行手法36条、2条8号二、35条3項、36条の3
8	行政手続法における意見公募手続	行手法39条3項、38条1項、43条1項3号
9	行政不服審査法に基づく不服申立て	行審法1条2項、2条、3条、5条、6条、行手法36条の3、行訴法8条1項
10	行政不服審査法における不服申立て	行審法82条1項ただし書
11	再調査の請求と審査請求の手続の関係	行審法5条1項、18条1項・2項、5条2項2号
12	行政不服審査法の下で行政庁に課せられる義務（努力義務）	行審法16条、17条、84条
13	行政不服審査法における審査請求	行審法19条1項、2項4号・5号、23条、24条1項、12条1項・2項、27条
14	行政不服審査法における審理員	行審法40条、31条1項、9条、29条2項

15	行政不服審査法における審査請求の審理手続	行審法13条1項、38条1項、33条
16	行政不服審査法における審査請求の裁決	行審法45条1項・2項、52条2項、48条、45条3項後段
17	行政事件訴訟	行訴法1条、2条、5条、6条、主観訴訟・客観訴訟
18	取消訴訟	行訴法9条1項、最判昭和53・3・14（主婦連ジュース事件）、9条2項、最判平成21・10・15
19	取消訴訟	行訴法11条1項1号、14条1項、3条3項
20	処分の差止訴訟	行訴法37条の4第1項、37条の5第2項
21	処分権主義	民訴法246条
22	所有権に基づく不動産明渡請求訴訟	弁論主義の第1原則
23	直接証拠、間接証拠	『行政書士のための要件事実の基礎』27頁
24	要件事実論	主張立証責任の分配、並木茂『要件事実原論』
25	売買契約に基づく代金支払請求訴訟	抗弁、否認
26	抗告訴訟の基本的な概念	形成訴訟、形成原因、公定力
27	行政処分の取消訴訟における訴訟当事者の主張立証責任	主張立証責任、立証責任の分配、抗弁
28	行政書士の倫理	行政書士法10条
29	特定行政書士の業務範囲	弁護士法72条、行政書士法1条の3第1項2号・2項
30	特定行政書士の倫理	行政書士倫理8条、9条、10条、行審法12条2項

（5）　平成30年度

問題	内　容	備　考
1	行政手続法の適用除外	行手法3条1項7号
2	行政手続法7条	行手法7条
3	行政手続法における申請に対する処分	行手法5条3項、9条1項・2項、10条
4	行政手続法における届出	行手法2条3号・7号、37条、4条1項

5	行政手続法における不利益処分	行手法2条4号、13条1項1号イ、2条4号ロ
6	行政手続法における聴聞の手続	行手法16条1項・2項、19条1項・2項、18条1項、26条
7	行政手続法における行政指導	行手法2条6号、2条3項、1条2項、32条1項
8	行政手続法における意見公募手続	行手法38条1項、38条2項、39条、40条1項、43条1項
9	行政不服審査制度	行審法1条1項、2条（一般概括主義）
10	審査請求	行訴法8条1項（自由選択主義）、行審法1条2項、4条1号・4号
11	行政不服審査	行審法6条1項、行訴法8条1項（自由選択主義）、行審法5条2項、16条
12	行政不服審査法における審査請求	行審法2条、最判昭和53・3・14（主婦連ジュース事件）、行審法18条1項、82条1項
13	行政不服審査法における審査請求の手続	行審法12条1項、29条2項、23条、24条2項、50条1項4号
14	行政不服審査法における審理員	行審法9条、17条、25条、40条、31条1項
15	行政不服審査法における裁決	行審法第2章第5節、58条〜60条、64条、65条、45条3項（事情裁決）、50条2項、48条
16	行政不服審査法における処分の執行停止	行審法25条2項、61条、25条、26条
17	処分の取消訴訟の判決とその効力	行訴法7条、31条1項、33条1項・2項 大阪高判昭和50・11・10（堀木訴訟2審）
18	処分の無効等確認訴訟	行訴法3条4項、38条1項、14条、36条、9条 最判平成4・9・22（もんじゅ訴訟）
19	不作為の違法確認訴訟及び義務付け訴訟	行訴法3条5項、37条、行手法6条、行訴法37条の3第3項、37条の2第1項・2項、37条の3第1項
20	行政事件訴訟法に基づく処分の執行停止	行訴法25条1項、2項ただし書、2項本文、27条4項
21	行政処分の取消訴訟における違法性の立証責任の分配	侵害処分・受益処分説（『行政書士のための要件事実の基礎』131頁）
22	処分取消しの訴えにおける訴訟物	『行政書士のための要件事実の基礎』108-109頁、111-114頁、118頁、129頁
23	処分取消しの訴えの主要事実である行政処分の違法一般	実体的要件、実体的違法事由 手続的要件、手続的違法事由

24	弁論主義	弁論主義の第３原則、第２原則、第１原則、主張共通の原則 『行政書士のための要件事実の基礎』21-22頁、24頁、51頁
25	請求原因、抗弁、法律効果	請求原因事実、否認と抗弁、権利の消滅、同時履行の抗弁
26	売買代金請求訴訟における被告の反論	否認と抗弁
27	民事訴訟における証明	弁論主義の第２原則、裁判所の職責、当事者尋問（『行政書士のための要件事実の基礎』39頁）、文書の提出、文書提出命令の申立て（同書40-41頁）
28	特定行政書士の倫理	行政書士法１条の３第１項２号、行訴法８条１項・２項、行審法７条１項10号・49条３項１号
29	特定行政書士の業務	行政書士法１条、利益相反、反社会的勢力の排除条項、
30	行政書士の業務	司法書士法３条１項１号、弁護士法３条１項・72条

（6）　平成29年度

問題	内　容	備　考
1	行政手続法総論	大陸法系と英米法系、行手法１条２項、３条３項
2	行政手続法における審査基準	行手法５条１項・３項 仙台高判平成20・5・28
3	行政手続法における申請に対する処分の手続	行手法７条、６条、33条
4	行政手続法における申請拒否処分	行手法５〜11条、８条２項、２条４号ロ 櫻井敬子・橋本博『行政法[第５版]』203頁
5	行政手続法における不利益処分の手続	行手法12条１項、14条１項、13条２項１号 櫻井敬子・橋本博之『行政法[第５版]』203頁
6	行政手続法における行政指導	行手法32条１項、１条２項、33条、34条
7	行政手続法における行政指導	行手法２条８号ニ・36条、35条３項・４項、35条２項１号、36条の３第１項

8	行政手続法における意見公募手続	行手法2条8号ニ、39条1項・3項、43条1項柱書・4号、39条1項
9	行政不服審査法1条1項	行審法1条1項
10	行政不服審査法における審査請求等の教示	行審法82条1項・2項
11	行政不服審査法7条による審査請求の適用除外	行審法7条1号・6号・10号
12	行政不服審査法に基づく審査請求についての規定	行審法4条1号・3号・2号
13	行政不服審査会	行審法44条・79条、43条1項6号、74条・77条、43条1項5号
14	審査請求における仮の救済	行審法25条、同条2項、26条
15	審査請求の手続	行審法29条、30条、42条
16	審理員とその権限	行審法17条、9条1項、33条・34条、40条
17	抗告訴訟	行審法1条1項、行訴法3条3項・行審法5条2項、行訴法3条4項、11条2項・38条1項
18	行政事件訴訟	行訴法32条、3条4号、25条4項・37条の5第1項・2項、4条 最判平成22・10・15
19	処分の取消訴訟	行訴法9条1項、7条、14条1項・2項、10条2項、31条1項
20	訴訟を提起することができる裁判所（管轄）	行訴法12条4項・3項・1項
21	抗弁に該当しないもの	契約の解除、無権代理、相殺、同時履行、代物弁済
22	書証の成立、二段の推定	処分証書、報告文書、形式的証拠力、実質的証拠力
23	行政書士又は特定行政書士の業務範囲	行政書士法10条、1条、1条の2第2項
24	請求原因として主張しなければならない要件事実	民法555条
25	取消訴訟	行訴法10条2項、要件事実論、取消訴訟の訴訟物
26	行政書士倫理	依頼の勧誘等
27	民事訴訟における証明を要しない事実	弁論主義の第2原則、民訴法179条、自白の撤回

28	特定行政書士の倫理	行訴法8条1項、行審法18条1項、行政書士法10条
29	終局判決によらない民事訴訟手続の終了事由	民訴法267条（訴訟上の和解、請求の認諾）、266条1項（請求の放棄）、261条（訴えの取下げ）
30	特定行政書士の倫理	行政書士法1条の3第2項、10条

（7）　平成28年度

問題	内　容	備　考
1	行政手続法の規定	行手法1条1項、10条、36条の3、2条7号、37条
2	審査基準、標準処理期間	行手法5条1項・3項、6条
3	申請に対する処分	行手法2条2号・3号・4号
4	申請に対する処分	行手法7条、8条1項・2項
5	不利益処分	行手法12条1項、13条2項1号、14条1項
6	不利益処分についての意見陳述	行手法13条1項、31条、13条1項1号・2項
7	行政指導に関する規定の適用対象	行手法3条3項
8	意見公募手続	行手法2条8号、39条1項、43条
9	審査請求	行審法4条4号・3号・1号
10	行政不服審査法に基づく不服審査の種類	行審法6条1項、5条1項、2条、5条2項
11	不作為についての審査請求	行審法3条、18条、25条
12	審査請求の要件	行審法1条2項、2条、18条1項・2項、22条 最判昭和53・3・14（主婦連ジュース事件）等
13	審査請求の手続	行審法19条1項、23条、24条、16条、12条2項
14	行政不服審査法における審理員	行審法9条1項、29条2項、31条1項・5項、34条
15	行政不服審査会	行審法81条2項、43条1項4号、75条1項、50条1項4号
16	行政不服審査法における裁決	行審法45条1項、50条1項4号、48条、45条3項
17	行政事件訴訟法の規定	行訴法7条、4条、11条2項、44条
18	処分の取消訴訟と裁決	行訴法14条3項、8条1項・2項、8条1項、8条2項2号

19	取消訴訟	行訴法9条1項、16条1項、12条1項、33条2項
20	仮の救済、執行停止	行訴法37条の5第4項、同条1項・2項、27条、25条2項、同条4項、37条の5第3項
21	要件事実（貸金返還請求訴訟）	請求原因、抗弁、認否、要証事実
22	取消訴訟	主張・立証責任、弁論の全趣旨（民訴法247条、159条1項）、訴訟物
23	審査請求を受任した特定行政書士が行う活動	行審法19条2項4号、32条1項、30条1項、74条、76条
24	抗弁	相殺
25	民事訴訟における証拠	補強証拠、直接証拠、伝聞証拠、自由心証主義（民訴法247条）
26	民事訴訟における証拠	法的三段論法、証拠裁判主義、自由心証主義、職権証拠調べ、公知の事実
27	行政書士・特定行政書士の業務範囲	書類作成、訴訟当事者の答弁書作成相談、審査請求書作成
28	行政書士倫理	報酬請求、受任案件の処理、相談対応
29	行政書士倫理	報酬提示、名誉毀損
30	行政書士倫理（審査請求と訴訟の手続選択に関し、特定行政書士が依頼者に対して行う説明）	裁量の当不当が問題となる事案、判例により確立された解釈の変更を求める事案、事実関係が複雑な事案

（8） 平成27年度

問題	内　容	備　考
1	行政手続法の適用	行手法3条3項、行審法1条2項、行手法1条2項、行手法3条1項1号・2号
2	行政手続法の審査基準	行手法5条、12条1項 仙台高判平成20・5・28 最判平成4・10・29（伊方原発訴訟）
3	申請の審査と応答	行手法6条、7条、33条
4	不利益処分	行手法2条6号・4号ロ、12条1項 大阪地判平成19・2・13
5	処分の相手方の意見陳述	行手法13条1項・2項1号
6	届出	行手法2条7号、7条

7	行政指導手続	行手法2条8号二、36条、35条3項、35条1項、36条の3
8	意見公募手続	行手法2条8号、1条1項、39条1項、42条、43条1項4号
9	行政不服審査法に基づく不服申立ての対象	行審法1条1項・2項、2条、7条、8条
10	行政不服審査法に基づく不服申立て	行審法5条1項・2項、6条1項、4条1号
11	不作為についての審査請求	行審法3条
12	行政不服審査法に基づく審査請求	行審法82条1項、22条、1条1項、2条 最判昭和53・3・14（主婦連ジュース事件）等
13	行政不服審査法に基づく審査請求の開始	行審法19条1項・2項、23条、24条1項 津地判昭和51・4・8
14	行政不服審査法に基づく審理手続	行審法29条2項、13条1項、38条1項、31条1項
15	行政不服審査法における裁決	行審法48条、46条1項、52条1項、45条1項・2項
16	行政不服審査法における審理員	行審法9条2項1号、34条、43条1項4号
17	行政事件訴訟の類型	行訴法36条、37条、3条5項、4条、37条の2第3項
18	取消訴訟	行訴法36条、10条2項、11条2項、14条1項、9条1項
19	処分の執行停止	行訴法25条6項、4項、44条、27条4項
20	処分の取消訴訟の審理及び判決についての規定	行訴法22条1項、24条、31条1項、32条1項
21	民事紛争と民事訴訟	民事訴訟制度 出典＝新堂幸司『新民事訴訟法[第5版]』
22	民事事実認定	二段の推定、間接事実
23	自由心証主義	定義、弁論の全趣旨、証拠方法の無制限
24	要件事実（売買契約に基づく代金支払請求訴訟）	請求原因、抗弁、自白、否認
25	民事訴訟における認否の態様	自白、自白の撤回、否認、不知、沈黙
26	行政書士又は特定行政書士の業務範囲	行政書士法1条の2、1条の3第1項2号・2項

27	特定行政書士の責任	民法644条（善管注意義務）
28	秘密の保持	行政書士法12条（守秘義務）、9条（帳簿の備付及び保存）、19条の3（行政書士の使用人等の秘密を守る義務）
29	行政書士倫理	公正な業務遂行、誠実な業務遂行、業務に関する法令・実務への精通
30	行政書士倫理	受任時の説明義務、依頼者との協議義務

4　平成27年度～令和4年度考査の傾向分析

① 　行政不服審査法法、行政手続法、行政事件訴訟法の3法からの出題が3分の2以上を占めています。

　　3法からの出題は、毎年20～23問であり、しかも条文の知識が問われています。3法は条文数が少ないため、考査が回を重ねるごとに細かい条文からの出題も増えています。

② 　「要件事実・事実認定論」の分野も重要です。

　　平成28年度の研修（講義）から「特定行政書士の倫理」のコマ数が減り、「要件事実・事実認定論」の比重が増えました。また平成29年度考査から、日行連中央研修所監修の書籍『行政書士のための要件事実の基礎』（平成28年6月発行）の内容が出題範囲に指定されました。さらに同年7月から、日行連中央研修所サイトの〈特定行政書士プレ研修〉に「要件事実」講座が追加されています。令和3年度は、この分野から8問出題されました。

③ 　民事訴訟法の問題も毎年数問出題されています。令和2年度と3年度はそれぞれ4問出題されました。処分権主義と弁論主義は頻出です。

　・令和4年度：問題25（処分権主義）

　　　　　　　　問題26（処分権主義、弁論主義）

　・令和3年度：問題21（処分権主義）

　　　　　　　　問題22（処分権主義）

　　　　　　　　問題23（弁論主義、証拠共通の原則）

　　　　　　　　問題24（行政事件訴訟と民事訴訟の対比）

　・令和2年度：問題21（訴訟要件）

　　　　　問題22（弁論主義、主張共通の原則）

　　　　　問題23（訴えの取下げ）

　　　　　問題26（裁判上の自白）

・令和元年度：問題21（処分権主義）

　　　　　問題22（弁論主義の第1原則）

・平成30年度：問題17（処分の取消訴訟の判決とその効力）

　　　　　問題24（弁論主義）

　　　　　問題27（民事訴訟における証明）

・平成29年度：問題29（終局判決によらない民事訴訟手続の終了事由）

・平成28年度：問題25（民事訴訟における証拠）

　　　　　問題26（民事訴訟における証拠）

・平成27年度：問題21（民事紛争と民事訴訟（新堂幸司『新民事訴訟法［第5版］』）

　　　　　問題23（自由心証主義）

④　判例の知識を問う問題は毎年度、数問ですが出題されています（以下、[問題4-3]は「問題4の肢3」を意味します）。

・令和4年度：問題2-3（東京地判平成20・1・29）

　　　　　問題4-3（最判平成11・11・19）

　　　　　問題4-4（最判昭和60・1・22、最判平成4・12・10）

・令和3年度：問題2-1・2-2（仙台高判平成20・5・28）

　　　　　問題23-4（最判昭和61・3・17）

・令和2年度：問題3-1（仙台高判平成20・5・28）

　　　　　問題3-4（最判平成4・12・10）

　　　　　問題20-2（最判昭和59・10・26）

　　　　　問題21-2（最判昭和51・3・15）

・令和元年度：問題4（最判昭和60・1・22、最判平成4・12・10、最判平成23・6・7）

　　　　　問題18-1（最判昭和53・3・14（主婦連ジュース事件）等）

　　　　　問題18-3（最判平成21・10・15）

・平成30年度：問題12-2（最判昭和53・3・14（主婦連ジュース事件）等）

　　　　　問題17-4（大阪高判昭和50・11・10（堀木訴訟2審）

　　　　　問題18-4（最判平成4・9・22（もんじゅ訴訟））

・平成29年度：問題2-4（仙台高判平成20・5・28）

　　　　　　　問題18-1（最判平成22・10・15）

・平成28年度：問題12-2（最判昭和53・3・14（主婦連ジュース事件）等）

・平成27年度：問題2-3（最判平成4・10・29（伊方原発訴訟））

　　　　　　　問題4-4（大阪地判平成19・2・13）

　　　　　　　問題12-4（最判昭和53・3・14（主婦連ジュース事件）等）

⑤　「誤っているもの」「妥当でないもの」「不適切なもの」を選ばせる問題は、平成27年度は9問でしたが、平成28年度以降は11〜17問となっています。

⑥　個数問題も出題されています。平成29年度〜令和2年度の4年間はゼロでしたが、平成27年度、28年度、令和3年度は各1問、令和4年度は2問でした。

⑦　試験時間は十分にあります（1問あたり4分）。事務処理能力は要求されていません。

5　令和5年度考査以降の出題予想

①　行政不服審査法、行政手続法を中心に条文知識を確認する問題が多数出題されると考えられます。知識の精度が一層問われるとともに、条文数が少ないことから、細かい条文からの出題も予想されます。

　　行政法3法に関する問題をどれだけ正解できるかが合否を分けることになります。

②　行政法3法については、数は多くありませんが判例の知識も要求されます。特に以下の条文は判例もチェックしてください。

・行政不服審査法2条（不服申立適格）：主婦連ジュース事件等

・行政手続法5条（審査基準）：伊方原発訴訟、東京高判平成13・6・14等

　　　　　　　8条（理由の提示）：最判昭和60・1・22、最判平成4・12・10等

　　　　　　　14条（不利益処分の理由の提示）：最判平成23・6・7等

　　　　　　　32条（行政指導の一般原則）：最決平成元・11・8（武蔵野市マンション事件）等

　　　　　　　33条（申請に関連する行政指導）：最判昭和60・7・16等

・行政事件訴訟法３条（抗告訴訟）：熊本地判昭和51・12・15等

９条（原告適格）：主婦連ジュース事件、小田急高架化事件等

32条・33条（取消判決等の効力）：最判平成22・10・15、堀木訴訟２審等

36条（無効等確認の訴えの原告適格）：最判平成４・９・22（もんじゅ訴訟）等

③　要件事実に関する問題は、今後も３問以上の出題が予想されます。特に「否認」と「抗弁」の区別は繰り返し出題されると考えられることから、しっかりと理解する必要があります。

④　民事事実認定は、出題されていない年度もありますが、穴を作らないようにしてください。

⑤　民事訴訟法に関連する問題は、２〜４問出題される可能性があります。「処分権主義」と「弁論主義」は今後も繰り返し出題されるでしょう。

　民事訴訟法の全体構造については、『行政書士のための要件事実の基礎　第２版』２〜48頁が簡潔にまとまっています。この中からの出題も予想されます。要件事実・事実認定論を理解するベースとしても民事訴訟法の理解は不可欠です。

⑥　行政書士の倫理については、業際問題（弁護士法72条等）と行政書士法10条に関する出題が考えられます。

　特定行政書士の不服申立て代理は、依頼者に対する手続選択（審査請求か訴訟提起か）の説明義務が重要です。

⑦　なお、行政事件訴訟法９条の原告適格に関して、重要判例が多数あります。日行連中央研修所サイトの〈特定行政書士プレ研修〉確認テストでも同条の判例知識をたずねる問題が出題されています（小田急高架化事件判決、大阪サテライト事件判決）。したがって、今後は次のような問題が出される可能性があります。

問題例 取消訴訟の原告適格又は訴えの利益に関する次の記述のうち、誤っているものはどれか。

1　処分の効果が期間の経過その他の理由によりなくなった後においてもなお当該処分の取消しによって回復すべき法律上の利益を有する者は、当該処分の取消訴訟を提起することができる。

2　不当景品類及び不当表示防止法の規定により一般消費者が受ける利益は、消費者庁による同法の適切な運用によって実現されるべき公益の保護の結果として生じる反射的な利益ないし事実上の利益である。

3　免職処分を受けた公務員が公職に立候補した場合、公職選挙法90条の規定により公務員たる地位を回復できなくなるが、給料請求権その他の権利、利益を回復するために、なお取消しを求める利益がある。

4　文化財保護法及び静岡県文化財保護条例に基づく史跡指定解除処分に対し、遺跡を研究対象としてきた学術研究者はその取消しを求める法律上の利益を有する。

問題例の解説

正解：4

1　○　行政事件訴訟法9条1項かっこ書

2　○　最判昭和53・3・14民集32巻2号211頁（主婦連ジュース事件）

3　○　最大判昭和40・4・28民集19巻3号721頁

4　×　最判平成元・6・20判時1334号201頁（伊場遺跡保存訴訟）

■　問題解法のテクニック

　試験対策としては基本をきちんと勉強することが何よりも大切ですが、考査当日は、解法のテクニックも得点を左右します。問題を解く際は、次のような解法を参考にしてください。

①　まず、問題文の文末「正しいものはどれか」「誤っているものはどれか」をチェック。

②　できる問題から解く。自分にとって苦手な分野の問題、長文の問題な

どは後回しにする。

③　消去法を使い、正解の肢以外を確実に処理する。

④　以下のような問題文の表現に注意する。

・「～の余地はない」「どんな場合であっても～のことはない」「必ず～になる」「すべて～に規定されている」

　→例外の存在をまったく認めないので、誤りの推定が働く。

・「必ずしも～なわけではない」「可能性がある」

　→例外の余地を認めるので、正しいことが多い。

⑤　複数の肢の１つが「正」又は「誤」になる択一式問題では、ベクトルが他の肢と異なるものが正解になることがある。

行政法の重要事項

1 行政法の全体構造

　行政法の全体構造を筆者の理解に基づいてまとめたのが【図表1】です。

　行政法はまず、①行政作用法、②行政救済法、③行政組織法の3分野に大別されます。

（1）　行政作用法

　行政作用法は、**私人**と**行政主体**の関係（**行政の外部関係**）を規律するもので、ここでは「**法律による行政の原理**」が基本原則です。これは、行政活動は法律に基づき、法律に従って行われなければならないことを内容とする原理です。ただし、例外と限界があります。

　行政の行為形式には、**行政行為**を中心として**行政立法**や**行政指導**があります。行政の実効性を担保する制度として**行政罰**等も用意されています。

（2）　行政救済法

　行政救済法は、行政活動が違法又は不当に行われた場合に、私人がその是正を求めたり、当該活動によって生じた損害や損失の填補を求めるための制度です。行政救済法は、行政活動の是正を求める「**行政争訟**」と、行政活動によって生じた損失の補填を求める「**国家補償**」の2つの分野から構成されます（【図表2】）。

　行政争訟は「**行政上の不服申立て**」と「**行政訴訟**」からなります。前者は行政機関に不服を申立てて、簡易迅速な手続で行政機関が裁断を下す制度で、行政活動の合法性だけでなく当不当の問題も審査され、行政不服審査法が一般法です。行政訴訟は、裁判所が紛争の裁断を下す仕組みであり、行政事件訴訟法に規定があります。

　国家補償は、違法な行政活動によって権利や利益が侵害された場合には「国

■【図表1】行政法の全体構造

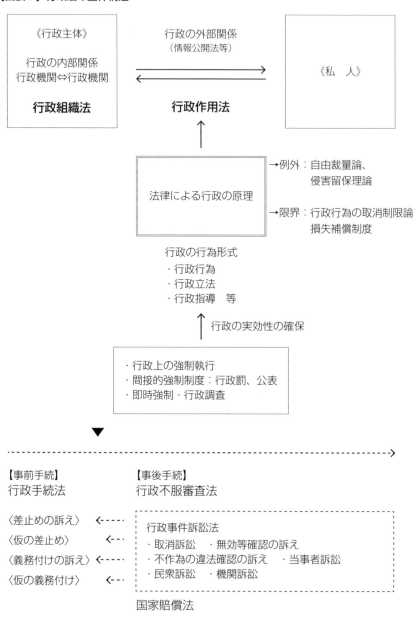

家賠償」の問題となり、他方、適法な活動によって私人の財産権が奪われたり制限される場合には「**損失補償**」の仕組みによって金銭で補償されることになります。国家賠償については国家賠償法が規律していますが、損失補償は個別法が規定を置いているだけです。損失補償規定が置かれていない場合でも、憲法29条に基づいて損失補償を請求することが判例で認められています（最大判昭和43年11月27日刑集22巻12号1402頁）。

　行政救済法について、裁断を下す機関及び事前・事後で整理すると**【図表2】**のようになります。**行政機関**が事前に規律するのが**行政手続**であり、行政手続法が規定しています。事後の規律は行政不服審査法が定めています。裁判所が裁断を下す場合は、第一義は事後であり、取消訴訟を中心に行政事件訴訟法が規定しています。ただし、実効的な救済を図るため、事前手続として差止訴訟や義務付け訴訟が置かれています。**国家賠償訴訟**は事後のみです。

■**【図表2】行政救済法の全体構造**

```
行政救済　＝　行政争訟　＋　国家補償
　　　　　＝　行政上の不服申立て　＋　行政訴訟　＋　国家賠償　＋　損失補償
```

行政救済法の全体構造

		事　前	事　後
行政機関		行政手続（行手法）	審査請求（行審法）
裁判所		差止訴訟（行訴法）	取消訴訟（行訴法）
		義務付け訴訟（行訴法）	国家賠償訴訟（国賠法）

（3）　行政組織法

　行政組織法は、行政機関相互の関係（**行政の内部関係**）を規律する法規範です。行政組織は**国家行政組織**と**自治行政組織**に大別され、前者については国家行政組織法や内閣法があり、後者には地方自治法があります。

┃2　行政不服審査法の重要事項

（1）　行政不服審査と抗告訴訟の比較

　行政不服審査と**抗告訴訟**は、裁断機関が前者は行政庁、後者は裁判所です。抗

告訴訟は違法性の審査に限定されますが、行政不服審査は違法性のみならず不当性も審査される点に大きな違いがあります（【図表3】）。

　審査請求と抗告訴訟のメリット・デメリットをまとめたのが【図表4】です。手続自体に費用等がかからないのが審査請求のメリットですが、最終的な判断にはならないのがデメリットです。一方で抗告訴訟は、時間・費用はかかりますが、公平性・中立性が確保されており、確定的な紛争解決手段である点に特徴があります。

■【図表3】行政不服審査と抗告訴訟の比較

	裁断機関	対象	利用資格者	利用期間	審査範囲
行政不服審査	行政庁	処分・不作為	不服がある者（法律上の利益を有する者）	審査請求等期間内	違法性、不当性
抗告訴訟	裁判所	処分・不作為	法律上の利益を有する者	出訴期間内	違法性

■【図表4】審査請求と抗告訴訟のメリット・デメリット

	メリット	デメリット
審査請求	・　簡便・迅速 ・　手続自体に費用がかからない ・　柔軟な裁決が可能（処分の変更、不作為に対する処分等） ・　裁量の当不当も審査	・　公平性・中立性に欠ける面がある ・　厳格な手続ではない ・　最終的な判断にはならない
抗告訴訟	・　中立性・公平性 ・　厳格な判断が期待できる ・　確定的な紛争解決手段	・　相対的に時間がかかる ・　手続自体に費用がかかる ・　結論（判決）の柔軟性に欠ける ・　裁量の当不当は司法審査の対象外

（2）　行政不服審査法の重要条文

　これまで毎年度出題されているのは、5条（再調査の請求）、9条（審理員）の2つです。

　1条（目的等）、4条（審査請求をすべき行政庁）、6条（再審査請求）、19条（審査請求書の提出）、23条（審査請求書の補正）、24条（審理手続を経ないでする却下裁決）、25条（執行停止）、29条（弁明書の提出）、43条（行政不服審査会への

諮問）、45条（処分についての審査請求の却下又は棄却）、82条（不服申立てをすべき行政庁等の教示）も頻出です。

| ◎　最重要条文
○　特に重要な条文
・　重要な条文
⇔　関連する条文 | ①　平成27年度考査の問題番号
②　平成28年度考査の問題番号
③　平成29年度考査の問題番号
④　平成30年度考査の問題番号
⑤　令和元年度考査の問題番号
⑥　令和２年度考査の問題番号
⑦　令和３年度考査の問題番号
⑧　令和４年度考査の問題番号 |

（例）④[9-1]：平成30年度考査　問題9　肢1

条文番号	出題年度・問題番号
◎1条（目的等） 　⇔行手法1条	⑦[9-1] ⑥[10-1][10-2] ⑤[9-1] ④[9-1][9-2][9-4][10-2] ③[9][17-1] ②[12-1] ①[1-2][9-2][9-4][12-3]
○2条（処分についての審査請求）	⑥[9-4] ⑤[9-1] ④[9-3][12-1][12-2] ②[10-3][12-2] ①[9-1][12-4]
○3条（不作為についての審査請求）	⑦[11-3][11-4] ⑥[9-5] ⑤[9-1][9-2] ④[28-工] ①[11-1][11-2][11-3]
◎4条（審査請求をすべき行政庁）	⑦[10] ⑥[10-3] ④[10-3][10-4] ③[12] ②[9-1][9-2][9-3] ①[10-4]

◎5条（再調査の請求）	⑧[11][12-1][12-2] ⑦[9-2][11-1] ⑥[10-3] ⑤[9-1] ④[11-3][11-4] ③[17-2] ②[10-2][10-4] ①[10-1][10-2]
○6条（再審査請求）	⑦[11-2] ⑥[10-4] ⑤[9-1] ④[11-1] ②[10-1] ①[10-3]
○7条（適用除外） 　⇔行手法3条	⑧[10-1][10-2] ④[28-ウ] ③[11] ①[9-2]
・8条（特例の不服申立ての制度）	⑧[10-3][10-4]
◎9条（審理員）	⑧[12-3][14-1][14-2][14-4] ⑦[14-1] ⑥[13-1][13-2] ⑤[14-3] ④[14-1][14-2] ③[16-2] ②[14-1] ①[16-1]
・10条（法人でない社団又は財団の審査請求）	
・11条（総代）	
・12条（代理人による審査請求）	⑥[12-2] ⑤[13-4][30-2] ④[13-1] ②[13-4]
・13条（参加人）	①[14-2]

○16条（標準審理期間） 　　⇔行手法6条	⑦[13-4] ⑥[12-4] ⑤[12-ア][12-イ] ④[11-3] ②[13-3]
○17条（審理員となるべき者の名簿）	⑦[14-1] ⑥[13-3] ⑤[12-ウ] ④[14-2] ③[16-1]
○18条（審査請求期間） 　　⇔54条、62条、行訴法14条	⑤[11-2][11-3] ④[12-3] ②[11-3][12-3]
○19条（審査請求書の提出）	⑧[13-1][13-3][30-イ] ⑦[13-1] ⑥[12-1] ⑤[13-1] ②[13-1][23-1] ①[13-1][13-2]
・20条（口頭による審査請求）	①[13-1]
・21条（審査庁等を経由する審査請求）	⑧[13-2]
・22条（誤った教示をした場合の救済） 　　⇔55条	⑦[12-2] ②[12-4] ①[12-2]
○23条（審査請求書の補正） 　　⇔行手法7条	⑧[13-4] ⑥[12-3] ⑤[13-3] ④[13-3] ②[13-2] ①[13-3]
○24条（審理手続を経ないでする却下裁決）	⑧[13-4] ⑥[12-3] ⑤[13-3] ④[13-3] ②[13-2] ①[13-3][13-4]

◎25条（執行停止） 　⇔行訴法25条	⑧[16-1] ⑦[16-2][16-3] ⑥[16-1][16-2] ④[14-3][16-1][16-2] ③[14-1][14-2] ②[11-4]
・26条（執行停止の取消し）	⑥[16-3] ④[16-4] ③[14-4]
・27条（審査請求の取下げ）	⑥[12-2] ⑤[13-4]
○29条（弁明書の提出）	⑥[13-4] ⑤[14-4] ④[13-2] ③[15] ②[14-2] ①[14-1]
○30条（反論書等の提出）	⑥[13-4] ③[15-イ] ②[23-3]
○31条（口頭意見陳述） 　⇔75条	⑦[14-3] ⑤[14-2] ④[14-4] ②[14-3] ①[14-4]
・32条（証拠書類等の提出）	⑥[13-4] ②[23-2]
・33条（物件の提出要求）	⑤[15-3] ③[16-3]
・34条（参考人の陳述及び鑑定の要求）	③[16-3] ②[14-4] ①[16-2]
・38条（審査請求人等による提出書類等の閲覧等） 　⇔78条	⑤[15-2][15-4] ①[14-3]

・40条（審理員による執行停止の意見書の提出）	⑥[16-2] ⑤[14-1] ④[14-3] ③[16-4]
・41条（審理手続の終結）	⑦[14-4]
・42条（審理員意見書）	⑦[14-4] ③[15-ウ] ①[16-4]
◎43条（行政不服審査会等への諮問）	⑧[12-3][15-2][15-3] ⑦[15-1] ⑥[9-2][13-1][14-4] ③[13-2][13-4] ②[15-2] ①[16-3]
・44条（裁決の時期）	⑧[16-1] ④[15-1] ③[13-1]
○45条（処分についての審査請求の却下又は棄却） ⇔行訴法31条	⑧[16-4] ⑥[15-1] ⑤[16-1][16-4] ④[15-2] ②[16-1][16-4] ①[15-エ]
・46条・47条（処分についての審査請求の認容）	⑧[16-3] ①[15-イ]
○48条（不利益変更の禁止）	⑥[15-4] ⑤[16-3] ④[15-4] ②[16-3] ①[15]
・49条（不作為についての審査請求の裁決）	⑥[15-3] ④[28-エ]
・50条（裁決の方式）	⑦[15-4] ④[13-4][15-3] ②[15-4][16-2]
・52条（裁決の拘束力）	⑤[16-2] ①[15-ウ]

・54条（再調査の請求期間） 　　⇔18条、62条	
・55条（誤った教示をした場合の救済） 　　⇔22条	
・58条（再調査の請求の却下又は棄却の決定）	⑧[16- 2] ④[15- 1]
・59条（再調査の請求の認容の決定）	⑧[16- 2] ④[15- 1]
・60条（決定の方式）	④[15- 1]
・61条（審査請求に関する規定の準用）	④[16- 2]
○62条（再審査請求期間） 　　⇔18条、54条、行訴法14条	
・64条（再審査請求の却下又は棄却の裁決）	④[15- 1]
・65条（再審査請求の認容の裁決）	④[15- 1]
・67条（行政不服審査会の設置）	⑧[15- 1] ⑥[14- 1]
・69条（行政不服審査会の委員）	⑥[14- 1]
・74条（審査会の調査権限）	⑥[14- 3] ③[13- 3] ②[23- 4]
・75条（意見の陳述） 　　⇔31条	⑦[15- 2] ②[15- 3]
・76条（主張書面等の提出）	⑦[15- 3] ②[23- 4]
・77条（委員による調査手続）	③[13- 3]
・78条（提出資料の閲覧等） 　　⇔38条	
・79条（答申書の送付等）	⑧[15- 4] ③[13- 1] ①[16- 4]
・81条（地方公共団体に置かれる機関）	⑧[15- 1] ②[15- 1]

◎82条（不服申立てをすべき行政庁等の教示） 　　⇔50条3項、60条2項	⑦[12-3] ⑥[11-1][11-2][11-4] ⑤[10-4] ④[12-4] ③[10] ①[12-1]
・83条（教示をしなかった場合の不服申立て）	⑦[12-1] ⑥[11-3]
・84条（情報の提供）	⑤[12-エ]

3　行政手続法の重要事項

（1）　行政手続法の全体構造

　行政手続法は、**申請に対する処分、不利益処分**を中心として、**行政指導、処分等の求め、届出、意見公募手続**に大きく分けられます。不利益処分をしようとする場合には、**聴聞又は弁明の機会の付与**のいずれかの意見陳述の手続をとらなければなりません。

■ **【図表5】行政手続法の全体構造**

①申請に対する処分	
②不利益処分	聴聞
	弁明の機会の付与
③行政指導	
④処分等の求め	
⑤届出	
⑥意見公募手続	

（2）　行政手続法の重要条文

　毎年度出題されているのは、2条（定義）、7条（申請に対する審査、応答）、39条（意見公募手続）の3つです。

　1条（目的等）、3条3項（適用除外）、5条（審査基準）、6条（標準処理期間）、8条（理由の提示）、13条（不利益処分をしようとする場合の手続）、14条

（不利益処分の理由の提示）、第４章（行政指導）、第４章の２（処分等の求め）も頻出です。

条文番号	出題年度・問題番号
◎１条（目的等） ⇔行審法１条	⑤[1-3] ④[7-3] ③[1-3][6-2] ②[1-1] ①[1-3][8-2]
◎２条（定義）	⑧[8-1] ⑦[7-1] ⑥[1-1][1-2][1-3][1-4][4] [7-2] ⑤[3-2][3-4][5][5-3][7-2] ④[4-1][4-3][5-1][5-2] [5-4][7-1] ③[4-3][7-1] ②[3-1][3-2][3-3][3-4] ①[4-1][4-2][6-1][7-1] [8-1]
○３条１項（適用除外） ⇔行審法７条	⑧[1-1][1-2][1-3] ④[1] ①[1-4]
◎３条３項（適用除外） ⇔46条	⑧[1-4] ⑤[1-4] ④[7-2] ③[1-4] ②[7] ①[1-1][9-3]
・４条（国の機関等に対する処分等の適用除外）	④[4-4]
◎５条（審査基準） ⇔12条	⑧[3-3][3-4] ⑦[2] ⑤[3][5-3] ④[3-1] ③[2][4-1] ②[2-1][2-2] ①[2-1][2-2][2-3][2-4]

◎6条（標準処理期間） 　　⇔行審法16条	⑦[3-3] ⑥[3-3] ⑤[2-4] ④[19-2] ③[3-2] ②[2-3][2-4] ①[3-1]
◎7条（申請に対する審査、応答） 　　⇔37条、行審法23条	⑧[2-1] ⑦[1] ⑥[4-4] ⑤[2-1][2-2][2-3] ④[2] ③[3-1][3-3][4-1] ②[4-1][4-2] ①[3-2][3-4][6-1][6-2] 　[6-3][6-4]
○8条（理由の提示） 　　⇔14条	⑧[4-1][4-2][4-3][4-4] ⑦[4-1][4-3] ⑥[3-4] ⑤[4-1][4-2][4-3][4-4] ③[4-1][4-2] ②[4-3][4-4]
・9条（情報の提供）	④[3-2][3-3] ③[4-1]
・10条（公聴会の開催等）	④[3-4] ③[4-1] ②[1-2]
・11条（複数の行政庁が関与する処分）	③[4-1]
○12条（不利益処分の処分基準） 　　⇔5条	⑧[5-1] ⑥[6-2] ③[5-1] ②[5-1][5-2] ①[2-4][4-3][4-4]

◎13条（不利益処分をしようとする場合の手続）	⑧[5-2][8] ⑥[5] ⑤[6-1] ④[5-3] ③[5-4] ②[5-3][6-1][6-3][6-4] ①[5-1][5-2][5-3][5-4]
○14条（不利益処分の理由の提示） 　　　⇔8条	⑧[5-4] ⑦[5-1] ⑥[6-3] ⑤[4-1][4-2][4-3][4-4] ③[5-2] ②[5-4]
・15条（聴聞の通知の方法） 　　　⇔30条	⑥[6-1]
・16条（代理人）	④[6-1]
○18条（文書等の閲覧）	⑧[5-3] ⑦[5-4] ⑥[6-4] ⑤[6-2] ④[6-3]
・19条（聴聞の主宰）	⑤[6-4] ④[6-2]
・20条（聴聞の期日における審理の方式）	
・26条（聴聞を経てされる不利益処分の決定）	⑦[5-3] ④[6-4]
・29条（弁明の機会の付与の方式） 　　　⇔行審法31条	⑤[6-3]
・31条（聴聞に関する手続の準用）	⑧[5-3] ②[6-2]
◎32条〜36条の2（行政指導）	⑧[7-1][7-2][7-4] ⑦[6-1][6-2][6-3][6-4] ⑥[7-1][7-2][7-3][7-4] ⑤[7-2][7-3] ④[7-4] ③[3-4][6][7] ①[3-3][7-1][7-2][7-3]

◎36条の3（処分等の求め）	⑧[7-3]
	⑦[7-4]
	⑥[4-2]
	⑤[7-4]
	③[7-4]
	②[1-3]
	①[7-4]
○37条（届出） 　⇔7条	④[4-2]
	②[1-4]
○38条（命令等を定める場合の一般原則）	⑧[8-1]
	⑦[8-1]
	⑤[1-1][8-2][8-3]
	④[8-1][8-2]
◎39条（意見公募手続）	⑧[8-4]
	⑦[8-2]
	⑥[8-1][8-3]
	⑤[3-4][8-1]
	④[8-2]
	③[8-2][8-4]
	②[8-2][8-3]
	①[8-1][8-2][8-4]
・40条（意見公募手続の特例）	⑦[8-3]
	⑤[8-1]
	④[8-3]
・41条（意見公募手続の周知等）	⑥[8-2]
・42条（提出意見の考慮）	②[8-4]
	①[8-3]
◎43条（結果の公示等）	⑧[8-2]
	⑥[8-4]
	⑤[8-4]
	④[8-4]
	③[8-3]
	②[8-4]
	①[8-3]

4 行政事件訴訟法の重要事項

（1） 行政事件訴訟の全体構造

　行政事件訴訟は、**抗告訴訟**を中心として、**当事者訴訟、民衆訴訟、機関訴訟**の４つに大別されます。抗告訴訟では特に**取消訴訟**が重要であり、ほかに**無効等確認の訴え、不作為の違法確認の訴え、義務付けの訴え、差止めの訴え**があります。義務付け、差止めの実効性を図るため、**仮の義務付け、仮の差止め**の制度も設けられました。

　また、個人の権利義務に関わる紛争を国家が裁定する作用を**主観訴訟**といいます。これは裁判所法３条１項の「**法律上の争訟**」であり、抗告訴訟と当事者訴訟が主観訴訟です。これに対して、個人の権利義務に関わらない訴訟は、**客観訴訟**といいます。これは「法律上の争訟」に当たらず、法律において特に定めた場合にのみ例外的に認められる訴訟類型です。民衆訴訟、機関訴訟がこれに当たります（行訴法42条）。

■【図表６】行政事件訴訟の全体構造

主観訴訟	抗告訴訟	取消訴訟	処分の取消しの訴え
			裁決の取消しの訴え
		無効等確認の訴え	
		不作為の違法確認の訴え	
		義務付けの訴え　→仮の義務付け	非申請型
			申請型
		差止めの訴え　→仮の差止め	
	当事者訴訟		
客観訴訟	民衆訴訟		
	機関訴訟		

（2） 行政事件訴訟法の重要条文

　毎年度出題されている条文はありません。７回出題されているのは、３条（抗告訴訟）です。

　8条（処分の取消しの訴えと審査請求との関係）、9条（原告適格）、25条（執行停止）も頻出です。

条文番号	出題年度・問題番号
・1条（この法律の趣旨）	⑤[17-1] ③[17-1]
・2条（行政事件訴訟）	⑤[17-2] ②[17-4]
◎3条（抗告訴訟）	⑧[17-1][18-2][18-3][19-1] ⑦[17-1][18] ⑥[18-3] ⑤[19-4][26] ④[18-1][19-1][19-2] ③[17-2][17-3][18-2] ①[17-2]
○4条（当事者訴訟）	⑧[17-2] ⑦[19] ③[18-4] ②[17-2] ①[17-3]
・5条（民衆訴訟）	⑧[17-3] ⑥[17-2] ⑤[17-4]
・6条（機関訴訟）	⑧[17-4] ⑥[17-2] ⑤[17-4]
○7条（この法律に定めがない事項）	⑥[17-2] ④[17-1][17-3] ③[19-1] ②[17-1]
◎8条（処分の取消しの訴えと審査請求との関係）	⑧[12-1][20-3] ⑦[9-3] ⑤[9-3][9-4] ④[10-1][11-2][28-イ] ③[28-ア][28-イ] ②[18-2][18-3][18-4]

◎9条（原告適格） ⇔36条、37条、37条の2、37条の3、37条の4、 　42条	⑧[19- 2] ⑥[20- 2] ⑤[10- 1][18- 1][18- 2][18- 3] ④[18- 4] ③[19- 1] ①[18- 1]
○10条（取消しの理由の制限）	⑧[18- 1] ③[19- 3][25-ア] ②[19- 1] ①[18- 2]
○11条（被告適格等）	⑧[20- 1] ⑥[20- 1] ⑤[19- 1] ③[17- 4] ②[17- 3] ①[18- 3]
・12条（管轄）	⑧[20- 2] ⑥[19- 1] ③[20- 1][20- 2][20- 4] ②[19- 3]
◎14条（出訴期間） ⇔行審法18条、54条、62条	⑧[20- 4] ⑤[19- 3] ④[18- 2] ③[18- 2][19- 2] ②[18- 1] ①[18- 4]
・16条（請求の客観的併合）	②[19- 2]
・22条（第三者の訴訟参加） ⇔行手法17条、行審法13条	⑥[20- 3] ①[20- 1]
○24条（職権証拠調べ） ⇔行審法33〜36条	①[20- 2]
◎25条（執行停止） ⇔行審法25条	⑦[20- 1] ⑥[18- 1][19- 2] ④[20- 1][20- 2][20- 3] ③[18- 3] ②[20- 3][20- 4] ①[19- 1][19- 2]

○27条（内閣総理大臣の異議）	⑦[20- 2] ④[20- 4] ②[20- 1] ①[19- 4]
・30条（裁量処分の取消し）	
◎31条（特別の事情による請求の棄却） 　　⇔行審法45条 3 項、64条 4 項	⑧[19- 3] ⑥[15- 2] ④[17- 2] ③[19- 4] ①[20- 3]
・32条（取消判決等の効力＝第三者効）	⑧[19- 4] ③[18- 1] ①[20- 4]
○33条（取消判決等の効力＝拘束力） 　　⇔行審法52条	④[17- 4] ②[19- 4]
○36条（無効等確認の訴えの原告適格） 　　⇔ 9 条	⑧[18- 2] ④[18- 3][18- 4] ①[17- 1][18- 1]
・37条（不作為の違法確認の訴えの原告適格） 　　⇔ 9 条、行審法 3 条	⑧[18- 3] ④[19- 1] ①[17- 2]
○37条の 2 ・37条の 3 （義務付けの訴えの要件等）	⑦[18- 2][18- 3][18- 4] ⑥[18- 3] ④[19- 3][19- 4] ①[17- 4]
○37条の 4 （差止めの訴えの要件）	⑧[18- 4] ⑤[20- 2]
○37条の 5 （仮の義務付け及び仮の差止め）	⑦[20- 3] ⑥[16- 4][19- 2][20- 4] ⑤[20- 4] ③[18- 3] ②[20- 1][20- 2][20- 4]
・38条（取消訴訟に関する規定の準用）	④[18- 2] ③[17- 4]
・42条（訴えの提起）	⑧[17- 4]

○44条（仮処分の排除）	⑥[18- 2] ②[17- 4] ①[19- 3]
・46条（取消訴訟等の提起に関する事項の教示）	

5 行政書士法の重要条文

　毎年度出題されている条文はありません。6回出題されているのは、1条の3（業務）、10条（行政書士の責務）の2つです。

　1条の2（業務）も頻出です。

条文番号	出題年度・問題番号
○1条（目的）	④[29- 1] ③[23-イ]
◎1条の2（業務）	⑧[28-ア] ③[23-ウ] ②[27-エ] ①[26- 1][26- 3]
◎1条の3（業務）	⑦[29-イ] ⑤[29- 2] ④[28-ア] ③[30- 1] ②[27-ウ] ①[26- 2]
・9条（帳簿の備付及び保存）	①[28- 2]
◎10条（行政書士の責務）	⑧[29- 2][29- 3][29- 4] ⑥[28- 1][28- 2] ⑤[28] ③[23-ア][28-エ][30- 2][30- 3] 　[30- 4] ②[28-イ][28-ウ][28-エ][29- 3] 　[29- 4][30] ①[27-ア][28-イ][29][30]
・10条の2（報酬の額の掲示等）	①[28-ア][29- 2]

○11条（依頼に応ずる義務）	⑧[28-ウ][29-ア] ⑥[28- 4] ②[29- 1]
・12条（秘密を守る義務）	①[28]
・14条（行政書士に対する懲戒）	
・19条（業務の制限）	
・19条の 3 （行政書士の使用人等の秘密を守る義務）	①[28- 3]
・21条（罰則）	

第2章では行政法の重要事項について解説してきました。行政法の分野から1問1答形式で作問しています。解答・解説は右のページにありますので、解答後に参照してください。

以下の問に○又は×で答えてください。

解答日・正誤

／ □
／ □

問 題

1 審査請求は、個別の法律又は条例に審査請求をすることができる旨の定めがなくても行うことができる。

／ □
／ □

2 再審査請求は、審査請求についての審査庁の裁決に不服のある者が同じ審査庁に対してさらに不服を申し立てるものであり、法律に再審査請求ができる旨の定めがあるときに限って行うことができる。

／ □
／ □

3 処分庁が主任の大臣である場合、内閣の長たる内閣総理大臣は主任の大臣の上級行政庁に該当する。したがって、他の法律に特別の定めがないときでも、内閣総理大臣に対して行うことができる。

／ □
／ □

4 処分についての審査請求は、処分があった日の翌日から起算して3月（当該処分について再調査の請求をしたときは、当該再調査の請求についての決定があった日の翌日から起算して1月）を経過したときは、行うことができない。

解答・解説

1　○　審査請求ができる対象行為は何かについて定めを置く場合、**一般概括主義**と**列記主義**の2つの方法があります。一般概括主義は、処分一般が不服申立ての対象となる建前で、行政不服審査法はこの考え方を採用しています（2条）。これに対して、列記主義は、個別に列挙された行政活動のみが不服申立ての対象となる建前です。一般概括主義は、列記主義よりも**不服申立て**の対象を拡大し、国民の権利利益の救済を厚くしています。

2　×　**再審査請求**は、審査請求に対する第二審であり、法律に特別の定めがある場合に限って、当該法律が定める行政庁に対して行うことができます（行審法6条1項・2項）。したがって、同じ**審査庁**に対してさらに不服を申し立てるものではないので、前段は誤りです。後段は正しい。

3　×　行政不服審査法は、処分庁が**主任の大臣**又は宮内庁長官若しくは**外局**若しくはこれに置かれる庁の長であるときには、**上級行政庁**はないものとしています（4条）。そのため、内閣総理大臣はこれら大臣等の上級行政庁としては取り扱われません。したがって、内閣総理大臣に対して審査請求を行うことはできません。

4　×　「処分があった日」「決定があった日」ではなく、それぞれ「処分があったことを知った日」「決定があったことを知った日」が正しい（行審法18条1項）。

5 　審査請求は、他の法律に書面で行う必要がある旨の定めがある場合を除き、口頭ですることができる。

6 　行政事件訴訟法には、取消訴訟の原告適格に関する規定があるが、行政不服審査法には、不服申立適格に関しそれに相当する規定は置かれていない。

7 　審査請求人又は参加人の申立てがあった場合には、審理員は、当該申立てをした者に口頭で審査請求に係る事件に関する意見を述べる機会を与えることができる。

8 　不服申立てをすべき行政庁を誤って教示した場合、教示された行政庁が不服審査の管轄権を持つことになり、初めから適法な不服申立てがあったものとみなされる。

9 　執行停止制度は、当事者の申立てによるほか、職権で行うことも認められている。

10 　行政手続法の目的は、行政に関する手続の円滑な実施に寄与し、あわせて、国民の利便に資することにある。

11 　行政手続法上、名あて人となるべき者の同意の下にすることとされている処分は、不利益処分から除外されている。

12 　「難民の認定」については、行政手続法は、同法2章から4章の2までの適用を除外している。

5　×　審査請求は、**書面主義**が採られています。行政不服審査法19条1項は、「審査請求は、他の法律（条例に基づく処分については、条例）に口頭ですることができる旨の定めがある場合を除き、政令で定めるところにより、審査請求書を提出してしなければならない。」と規定しています。

6　○　行政事件訴訟法は、取消訴訟の**原告適格**について同法9条で規定しています。これに対して、行政不服審査法には、**不服申立適格**について明文の規定はありません（行審法2条、3条）。

7　×　**口頭意見陳述**の機会は、原則として「与えなければならない」と規定されています（行審法31条1項本文）。

8　×　不服申立てをすべき行政庁を誤って**教示**しても、教示された行政庁が不服審査の管轄権を持つわけではありません。しかし、不服申立人が教示された行政庁に不服申立書を提出し、提出を受けた行政庁が当該不服申立書の正本を権限ある行政庁に送付したときには、初めから適法な不服申立てがあったものとみなされます（行審法22条）。

9　○　**執行停止**は、審査請求人等の申立て又は職権で行うことが規定されています（行審法25条2項、61条、66条1項）。

10　×　本問記載の内容は、行政書士法1条が規定する同法の目的。行政手続法の目的は、行政運営における公正の確保と透明性の向上を図り、もって国民の権利利益の保護に資することにあります（行手法1条1項）。

11　○　不利益処分から除外されるものの一つとして規定されています（行手法2条4号ハ）。

12　○　「外国人の出入国、難民の認定又は帰化に関する処分及び行政指導」は、行政手続法3条1項10号に適用除外の一つとして規定されています。

／ □
／ □　13　公衆衛生、環境保全、防疫、保安その他の公益に関わる事象
　　　　が発生し又は発生する可能性のある現場において、警察官若し
　　　　くは海上保安官又はこれらの公益を確保するために行使すべき
　　　　権限を法律上直接に与えられたその他の職員によってされる処
　　　　分及び行政指導は、行政手続法の適用対象外である。

／ □
／ □　14　地方公共団体の活動については、行政手続法は一切適用され
　　　　ない。

／ □
／ □　15　行政手続法は、処分手続においては原則として口頭審理主義
　　　　を採用し、限られた範囲でのみ書面審理主義を採用している。

／ □
／ □　16　申請に対する処分において、行政庁は、申請がその事務所に
　　　　到達してから当該申請に対する処分をするまでに通常要すべき
　　　　標準的な期間を定め、これを公にしておかなければならない。
　　　　この期間を徒過すると当然に行政不服審査法及び行政事件訴訟
　　　　法上の不作為の違法を構成する。

／ □
／ □　17　行政庁は、申請がその事務所に到達したときは遅滞なく当該
　　　　申請の審査を開始しなければならず、申請書を返戻することは
　　　　許されない。

／ □
／ □　18　行政庁は、不利益処分の処分基準を定めこれを公表すること
　　　　が義務付けられている。

13　○　行政手続法3条1項13号

14　×　①「地方公共団体の機関がする処分」及び「地方公共団体の機関に対する届出」で条例又は規則に根拠規定があるもの、②地方公共団体の機関が行う行政指導、③地方公共団体の機関が**命令等を定める行為**については、行政手続法の適用はありません（行手法3条3項）。しかし、「地方公共団体の機関がする処分」又は「地方公共団体の機関に対する届出」であっても法律を根拠規定とするものには、行政手続法の適用があります（同条項）。

15　×　行政手続法は、不利益処分に関する聴聞手続についてのみ**口頭審理主義**を採用し（行手法20条）、それ以外については、手続の迅速性に配慮して**書面審理主義**によっています（行手法29条等）。したがって、口頭審理主義は原則的な形態ではありません。

16　×　行政庁は、申請処理に通常要すべき標準的な期間（**標準処理期間**）を定めるよう努めなければなりません（行手法6条）。これは努力義務にとどまり、その徒過が当然に違法になるわけではありません。もっとも、標準処理期間を定めたときは、これを公にしておかなければなりません。

17　○　行政庁は、申請が到達したときは遅滞なく審査を開始し、申請が形式上の要件に適合していないときには、速やかに、**補正**を求めるか、当該申請により求められた許認可等を拒否しなければなりません（行手法7条）。申請書を**返戻**することは許されません。

18　×　行政庁は、不利益処分をするかどうか、するとしてどのような処分とするかの判断をするために必要とされる基準（**処分基準**）を定め、かつ、これを**公表**するように努めなければなりません（行手法12条1項）。これは努力義務であり、法律上の義務ではありません。

19　抗告訴訟とは、行政庁の処分その他公権力の行使に当たる行為の取消しを求める訴訟をいう。

20　取消訴訟は、処分又は裁決のあった日から6箇月以内に提起しなければならない。

21　処分の際に誤った教示がなされた場合の救済の問題に関しては、行政不服審査法には明文の規定があるが、行政事件訴訟法には明文の規定は置かれていない。

22　処分の取消しの訴えを提起するためには、その対象となるべき行政庁の行為が違法なものでなければならないが、いわゆる自由裁量処分については、その性質上処分が不当であることがあっても違法となることはないため、取消訴訟の対象となることはない。

23　取消訴訟における原告適格は、行政事件訴訟法9条1項にいう「法律上の利益を有する者」に認められるが、これについて判例は、法律上保護された利益を有する者に限られず、事実上の利益を有する者をも含むと解している。

24　取消訴訟においては、自己の法律上の利益に関係のない違法を理由として取消しを求めることができない。

25　取消判決には拘束力があるから、処分の取消判決があった後は、処分庁はたとえ別の理由をもってしても、同一人に対して同一内容の処分をすることはできない。

19　×　抗告訴訟とは、行政庁の公権力に関する不服の訴訟をいいます（行訴法3条1項）。本問の記載は**「処分の取消しの訴え」**の定義です（同条2項）。

20　×　取消訴訟は、処分又は裁決があったことを知った日から原則として6箇月以内に提起しなければなりません（行訴法14条1項本文）。「知った日」が起算点です。また、処分又は裁決の日から1年を経過したときは、原則として訴えを提起することができなくなります（同条2項本文）。

21　○　処分の際に誤った教示がなされた場合の救済の問題について、行政不服審査法22条が規定しています。これに対して、行政事件訴訟法には救済規定は置かれていません。

22　×　行政事件訴訟法30条は、「行政庁の裁量処分については、裁量権の範囲をこえ又はその濫用があった場合に限り、裁判所は、その処分を取り消すことができる」と規定しています。したがって、**自由裁量処分**に逸脱又は濫用があったときは取消訴訟の対象となります。

23　×　判例は、「法律上の利益を有する者」（行訴法9条1項）を「当該処分により自己の権利若しくは**法律上保護された利益**を侵害され又は必然的に侵害されるおそれのある者をいう」としています（最判平成元年2月17日民集43巻2号56頁（新潟空港事件））。

24　○　行政事件訴訟法10条1項は、「取消訴訟においては、自己の法律上の利益に関係のない違法を理由として取消しを求めることができない」と規定しています。

25　×　**取消判決**がなされた場合には、行政庁は、同一事情の下では同一理由に基づく同一内容の処分をすることができません。しかし、同一事情の下でも同一理由でなければ同一内容の処分を行うことはできると解されています。

／ □
／ □

26　行政処分に対して取消訴訟が提起されても、裁判所は職権に
　　より執行停止をすることができる。

／ □
／ □

27　執行停止に関して、内閣総理大臣の異議があると、裁判所は、
　　執行停止ができなくなるが、すでになされた執行停止決定を取
　　り消すことまでは要しない。

26　×　**執行停止**をするためには原告の申立てが必要であり、職権でできるわけではありません。行政事件訴訟法25条2項本文は、「処分の取消しの訴えの提起があった場合において、処分、**処分の執行**又は**手続の続行**により生ずる重大な損害を避けるため緊急の必要があるときは、裁判所は、申立てにより、決定をもって、処分の効力、処分の執行又は手続の続行の全部又は一部の停止（以下「執行停止」という。）をすることができる。」と規定しています。

27　×　執行停止に関する**内閣総理大臣の異議**があると、裁判所は、執行停止ができず、また、すでになされた執行停止決定についてはこれを取り消さなければなりません（行訴法27条4項）。

第3章

要件事実・事実認定論の総復習

1　要件事実

（１）　はじめに

ア　まず、以下のようなＡさんとＢ君のやり取りを見てみましょう。

> Ａさん：私の車を友人のＢ君に60万円で売りました。売った日は、11年前
> 　　　　（平成20年）の７月17日でした。しかし、Ｂ君からは代金60万円を
> 　　　　まだ支払ってもらっていません。

　さて、Ａさんがこのように言ってきました。車の代金の支払いについてＢ君
は反論したいと考えています。どのような反論ができるでしょうか。

　まず考えられるのは、次のような反論です。

> Ｂ君：僕は、Ａさんから車を買った覚えはありません。誰かほかの人と勘違
> 　　　いしているのではないでしょうか。　（反論①）

　あるいは、Ｂ君からはこんな反論が出てくるかもしれません。

> Ｂ君：たしかに、僕はＡさんから車を買いました。でも、Ａさんに代金を支
> 　　　払う債務は**時効**にかかって消滅しているはずです。買ってから11年経
> 　　　っていますからね。行政書士のＣ先生に相談して、今年（令和元年）
> 　　　７月22日、内容証明をＡさんに郵送しました。この内容証明は**時効の**
> 　　　**援用**の意思表示になるそうです。　（反論②）

　この反論②に対して、Ａさんは次のように再反論することが可能です。

> Ａさん：車の代金を支払う債務について、Ｂ君は**時効消滅**していると言って
> 　　　　います。しかし、Ｂ君は平成21年から何度も、「支払いはもう少し

待ってほしい」と私に手紙で懇願しています。これは**時効の更新**事由のひとつである「**承認**」に当たります。（反論②に対する再反論）

　裁判でＡさんとＢ君が争った場合、以上のような主張をお互いに出し合うことになります。反論①は否認、反論②は抗弁（消滅時効の抗弁）、反論②に対するＡさんの再反論は再抗弁（時効の更新の再抗弁）といいます。

　このような攻撃防御のやり取りを行う際の作法・ルールが「要件事実」です。

イ　**特定行政書士**の**行政不服申立て手続**代理業務は、次のように進行します。

　①　行政庁の**不許可処分**に不服があるとき、原則として**処分庁**の**最上級行政庁**等に対し（行審法４条４号）、特定行政書士が**審査請求書**を提出します（行審法19条）。

　②　これに対し、処分庁は**審理員**に**弁明書**を提出します（行審法29条）。

　③　さらに、特定行政書士は審理員に**反論書**を提出することができます（行審法30条）。

ウ　このように行政不服申立て手続は、**審査請求人**（特定行政書士）と処分庁の攻撃防御のやり取りとして進められ、このやり取りを行う際の作法・ルールが「要件事実」です。

（2）　要件事実の役割・機能

ア　要件事実は、民法などの実体法を訴訟手続・行政不服申立て手続における攻撃防御の構造に組み立て直すツールであり、当事者の攻撃防御方法の提出は要件事実を念頭に行われます。

イ　裁判所・審理員、当事者の双方にとって要件事実は、事案を的確に把握して早期に**争点**を整理し（民訴法164〜178条）、**審理の目標**を明確にして、迅速かつ妥当で効率的な審理・判断を実現するという重要な機能があります。

ウ　要件事実は、上記（1）アのＡさん、Ｂ君のやりとりで見たように、特定行政書士だけでなく一般行政書士にとっても、業務を遂行するうえで必要な思考方法です。日本行政書士会連合会中央研修所監修『行政書士のための要件事実の基礎　第２版』（日本評論社、2020年）では、あとがきの【本書刊行にあたって】で次のように書かれています。

　「要件事実論は、紛争事案に関わる行政書士にとって確実に身に付けておくべき必要不可欠な知識です。また、通常の行政書士業務を行う上でも、その前提知識として有用なものと考えます。」

（3）　要件事実の意義　[平成29年度　問題25-イ]　[平成28年度　問題26-ア]

ア　**要件事実**とは、「一定の**法律効果**（権利の発生、障害、消滅、阻止）を発生させる**法律要件**に該当する具体的事実」をいいます（司法研修所編『改訂　新問題研究　要件事実』法曹会、2023年、5頁）。

```
法律要件 ──────────→ 法律効果
```

　ここでのポイントは、法律効果から遡って法律要件を考え、そのうえで法律要件に該当する具体的事実は何かを検討するというプロセスです。

イ　**民事訴訟**において、裁判所は、原告が訴訟物（訴訟上の請求。たとえば、売買契約に基づく代金支払請求権）として主張する一定の権利又は法律関係の存否について判断しなければなりません。

　しかし、権利又は法律関係は目に見えない観念的なものであり、これを直接認識することは不可能です。たとえば目の前にある本であれば、それを直接認識できますが、それとの違いを考えてみてください。

　そこで、当該権利又は法律関係があったか否かの判断は、過去の一時点において、

　　①　その権利の発生原因となる要件（事実）があったか

　　②　その発生を障害する要件（事実）があったか

　　③　その後その権利が消滅する原因となる要件（事実）があったか

　　④　その消滅の効果を妨げる原因となる要件（事実）があったか

などを検討することによって、これを導くことになります。

　裁判所は、現在（事実審の口頭弁論終結時）を基準として、このような判断を行います。

　　※　事実審の口頭弁論終結時

　　　　事実審（訴訟事件の事実問題と法律問題を併せて審理する審級である第一審と控訴審。これに対して法令違反の有無だけを審理する上告審を法律審とい

ます）では裁判所の面前で当事者が口頭で弁論を行い、裁判をするのに熟した
ときに裁判所は口頭弁論を終結します。この時点を口頭弁論終結時といいます。
この後、裁判所は終局判決をします（民訴法243条1項）。

　そのため、当事者はまず、当該権利又は法律関係を発生させる事実を主張
する必要があります。売買代金請求権であれば物を売ったという事実を、貸
金返還請求権であれば金銭を貸したという事実を主張しなければなりません。

　そのうえで当事者は、その事実を証拠によって証明する必要があります。
その事実が証拠によって認められることによって、当該権利又は法律関係が
認められることになります。

　以上のことは、行政不服申立てにおいても同じです。

　これをイメージとして図示すると次のようになります。

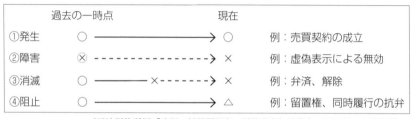

（司法研修所編『改訂　新問題研究　要件事実』法曹会、2023年、6頁参照）

（4）　弁論主義

ア　では、訴訟物について裁判所が判断するための事実と証拠は誰が集めて提
　出するのか、当事者なのか裁判所なのかが問題となります。この点について
　の原則が「弁論主義」です。

イ　**弁論主義**とは、「裁判の基礎となる、訴訟物についての判断資料となる事
　実と証拠を提供することを当事者の権能かつ責任とする建前」をいいます
　（前掲『行政書士のための要件事実の基礎　第2版』20頁）。

　　弁論主義は、民事訴訟における基本原則として長い歴史の中で形成されて
　きた考え方です。近代社会においては、個人はそれぞれ自由・平等であると
　されていますが、そのような個人を拘束し、権利義務を成り立たせるのは各
　自の意思であるとする考え方を**私的自治の原則**といいます。契約自由の原則
　はその1つの表現です。そして、この私的自治の原則を訴訟法の場面に引き

直したものが弁論主義です。弁論主義は、裁判所と当事者との役割分担の問題と考えられています。

　弁論主義の対極には**職権探知主義**という考え方があります（人事訴訟法19条、20条等）。行政不服審査法は職権探知主義を採っています（行審法33条～36条）。もっとも、行政不服申立て手続が職権探知主義によるものであっても、審査請求人は自己に有利な証拠を提出して審理員を説得し、有利な結論を得ることが必要になります。

ウ　弁論主義の内容

① 　**第1原則（第1テーゼ）**　[令和4年度　問題26-1]　[令和3年度　問題23-1]
　[令和2年度　問題22-1]　[令和元年度　問題22]　[平成30年度　問題24-4]
　[平成28年度　問題26-カ・キ]

　裁判所は、当事者が主張していない事実を認定して判決の基礎にしてはなりません。

　──「主張責任」へつながります。

② 　**第2原則（第2テーゼ）**　[令和4年度　問題26-2]　[令和3年度　問題23-2]
　[令和2年度　問題22-3]　[令和2年度　問題26]　[平成30年度　問題24-2・3]
　[平成30年度　問題27-ア]　[平成29年度　問題27-ア]

　裁判所は当事者間に争いのない事実はそのまま判決の基礎にしなければなりません。

　──「裁判上の自白」へつながります。

③ 　**第3原則（第3テーゼ）**　[令和4年度　問題26-4]　[令和2年度　問題22-4]
　[平成30年度　問題24-1]

　当事者間に争いのある事実について**証拠調べ**をするには、原則として、当事者が申し出た証拠に拠らなければなりません（**職権証拠調べの禁止**）。

　　（例外）**職権証拠調べ**（行訴法24条）、**調査嘱託**（民訴法186条）、**当事者尋
　　　　問**（民訴法207条1項）

（5）　主張責任と立証責任

ア　このように弁論主義のもとでは、事実を主張し、その事実を裏付ける証拠を提出（**立証**）するのは当事者です。それでは、事実の主張がないとき、又

は立証ができなかったときはどのような効果が生じるのでしょうか。これが
主張責任、立証責任の問題です。

イ　**主張責任**

[令和３年度　問題26-1]　　[令和元年度　問題27]　　[平成28年度　問題22-1]

　ある法律効果の発生要件に該当する事実が弁論に現れないために、裁判所
がその要件事実の存在を認定することが許されない結果、当該法律効果の発
生が認められないという一方の当事者の受ける訴訟上の不利益又は危険。

　←── 弁論主義の第１原則

　　※　主張共通の原則

[令和３年度　問題26-2]　　[令和２年度　問題22-2]　　[平成30年度　問題24-4]

　　　弁論主義は、裁判所ではなくて当事者が事実を提出すべきものとする原則
　　　です。したがって、事実は主張責任を負う当事者が提出したものであるかを
　　　問わず、どちらの当事者が提出してもよいとする原則を「主張共通の原則」
　　　といいます。

ウ　**立証責任**　[令和４年度　問題26-4]　　[令和３年度　問題26-1]

[令和２年度　問題25]　　[令和元年度　問題27]　　[平成28年度　問題22-2]

　訴訟上、ある要件事実の存在が真偽不明（ノンリケット）に終わったため
に当該法律効果の発生が認められないという一方の当事者の受ける訴訟上の
不利益又は危険。

（6）　**主張・立証責任の分配**　[令和元年度　問題24]　　[令和元年度　問題27]

ア　要件事実が何か、その**主張・立証責任**がどちらの当事者に分配されるかは、
実体法規の解釈によって決められます。そして、この解釈は**証明責任**の公平
な分担という視点に立ったものであることが必要です。

　　実体法の規定によって、法律効果の発生によって利益を受ける当事者に主
張・立証責任があると考える立場を**法律要件分類説**といい、民事訴訟実務は
この考え方を採っています。

イ　法律要件分類説では次のように説明されます。

①　権利の発生の点については、権利の存在を主張しようとする者に主張・
　　立証責任がある。

② 権利の発生障害、消滅、権利行使の阻止の点については、権利の存在を否定し又はその行使を阻止しようとする者に主張・立証責任がある。

ウ　なお、抗告訴訟においては、法律要件分類説のほかに侵害処分・受益処分説、個別検討説も主張されています。

(ア)　侵害処分・受益処分説　**[平成30年度　問題21]**

国民の権利を制限し義務を課す**行政処分（侵害処分）**については、行政庁側に処分の適法性を基礎付ける事実の主張・立証責任があり、国民にとって利益な処分（**受益処分**）については、国民が処分の違法性を基礎付ける事実の主張・立証責任を負う、と考えます。

法律による行政の原理に即した考え方ですが、個々の行政処分は侵害処分か受益処分か一義的に決められない場合があるという弱点があります。

(イ)　個別検討説

当事者間の公平、事案の性質、立証の難易等に照らして、具体的事案ごとに主張・立証責任の分配を決めるという考え方です。

（7）　事例①（売買代金支払請求）

要件事実がどのように使われるのか、具体的な事例で検討してみましょう。

Xの言い分

私は、令和元年5月30日、友人のYに、私が所有していた甲自動車を代金60万円で売り、これを引き渡しました。Yはボーナスが出たら支払うとのことでしたので、代金支払期限を同年7月15日にしました。しかし、期限を過ぎてもYは代金を支払ってくれません。そこで、代金60万円の支払いを求めます。

Yの言い分

甲自動車については、令和元年5月30日、Xから引渡しを受けました。その際、Xは私に、「甲自動車をあげる」と言いました。

ア　主張の概要

　この事例では、ＸがＹに対して甲自動車の売買代金の支払いを求めているのに対し、Ｙは「あげる」と言われたとして争っています。

イ　請求の趣旨

　訴えの提起は、**訴状**を裁判所に提出してしなければなりません（民訴法133条1項）。そして、訴状には「当事者及び法定代理人」のほか、「**請求の趣旨及び原因**」を記載する必要があります（民訴法133条2項）。

　請求の趣旨とは、訴訟における原告の主張の結論となる部分であり、原告が勝訴した場合にされる判決の主文に対応するものです。

　本事例では、請求の趣旨は次のようになります。

> 被告は、原告に対し、60万円を支払え。

ウ　訴訟物　[平成29年度　問題25-ウ・エ]　[平成28年度　問題22-4]

　訴訟上の請求は、一定の権利又は法律関係の存否の形をとりますが、その内容である一定の権利又は法律関係を**訴訟物**といいます。

　原告が訴えを提起するには、訴訟物を特定しなければなりません。訴訟物の特定の仕方は、権利の性質によって異なります。

　本事例では、売買契約に基づく代金支払請求権が訴訟物となります。売買契約に基づく代金支払請求権の場合は通常、契約の当事者、締結日、目的物、代金額等によって特定されます。

　訴訟物の個数は、**訴えの併合**（民訴法152条）や**二重起訴の禁止**（民訴法142条）を考える場合などで検討する必要があります。売買契約に基づく代金支払請求権は、契約ごとに発生するため、契約の個数が訴訟物の個数になります。本事例の訴訟物は1個です。

　本事例では、訴訟物は次のようになります。

> 売買契約に基づく代金支払請求権　　1個

エ　請求原因　[令和2年度　問題27]　[平成29年度　問題24]　[平成27年度　問題24-ア]

　請求原因とは、訴訟物である権利又は法律関係を発生させるために必要な法律要件に該当する事実をいいます。

本事例では、売買契約に基づく代金支払請求権を発生させるために必要な法律要件は何かを明らかにした上で、これに該当する事実は何かを考える必要があります。

オ　要件事実として主張すべき事実

民法555条は、「売買は、当事者の一方がある財産権を相手方に移転することを約し、相手方がこれに対してその代金を支払うことを約することによって、その効力を生ずる。」と規定しています。

この規定によれば、売買契約が成立するための要件は次の2つだけということになります。

① 財産権（目的物）の移転の合意
② 代金支払いの合意

本事例では、Xは請求原因として次のように主張することになります。

原告は、被告に対し、令和元年5月30日、甲自動車を代金60万円で売った。

カ　請求原因に対する認否

[令和4年度　問題22]　[平成28年度　問題21-1・2]　[平成27年度　問題25]

当事者の一方が一定の事実を主張した場合に、その相手方が行う事実の認否の態様は、次の4つのいずれかになります。

① 自白（相手方から主張された事実の存在を認めること）

[令和4年度　問題22-イ]　[令和2年度　問題26]　[平成27年度　問題24-イ]

② 否認（相手方から主張された事実の存在を認めないこと）

[令和4年度　問題22-ウ・エ]　[令和4年度　問題23]

[令和4年度　問題24-2・4]　[令和3年度　問題25-2・3]

[令和3年度　問題26-3]　[令和3年度　問題27]　[令和3年度　問題28]

[令和2年度　問題24]　[令和2年度　問題27]　[令和元年度　問題25]

[平成27年度　問題24-ウ・エ]

③ 不知（相手方から主張された事実について知らないと答えること）
④ 沈黙（相手方から主張された事実について黙っていること）

自白は、相手方の主張と一致する自己に不利益な事実の陳述です。裁判所において自白された事実は、証拠によって立証する必要がなくなり（民訴法

179条)、裁判所の判断も拘束します（弁論主義の第2原則）。

　否認には、**単純否認**と**積極否認**があります。単純否認は、単に相手方の主張を否定する陳述であり、積極否認は、相手方の主張事実と両立しない事情を積極的に述べて相手方の主張を否定する陳述です。たとえば、単純否認は、「令和元年7月7日にXから50万円を借りた事実はない」という場合です。これに対して積極否認は、「Xから令和元年7月7日に50万円を受領したことはあるが、それはもらったものである」というように、相手方が主張する事実（この例では消費貸借の事実）と両立しない事実（この例では贈与の事実）を積極的に主張して、相手方の主張事実を間接的に否定する場合です。

　こうした自白と否認の中間の態様が、不知と沈黙です。

　不知は、「その事実を争ったものと推定」されます（民訴法159条2項）。

　沈黙は、弁論の全趣旨からその事実を争っていると認められるときを除き、自白したものとみなされます（**擬制自白**、民訴法159条1項）。

　不知と沈黙がそれぞれ、自白と否認のいずれのグループに入るのかを判断できるようにしてください。

キ　否認と抗弁

　[令和4年度　問題22-ウ・エ]　[令和4年度　問題23]　[令和4年度　問題24]
　[令和3年度　問題25]　[令和3年度　問題26-3・4]　[令和3年度　問題27]
　[令和3年度　問題28]　[令和2年度　問題24]　[令和2年度　問題27]
　[令和元年度　問題25]　[平成30年度　問題25-2]　[平成30年度　問題26]
　[平成28年度　問題21]　[平成28年度　問題24]

　請求原因の主張に対する被告の争い方は次の2つがあります。

　①　請求原因を否認する。

　②　抗弁を主張する。

　抗弁の主張・立証責任は被告に分配されます。

　被告の主張が抗弁に当たるには、

　①　その主張事実が**請求原因事実**と両立すること

　②　その主張の法律効果が請求原因から生じる法律効果を妨げる（障害、消滅、阻止）ことが必要です。請求原因と両立しない事実であれば、それは否認です。

ク　本事例の認否

　　Yは、「Xは私に、「甲自動車をあげる」と言いました」と述べています。これは、売買契約を締結しなかったということですから、売買契約についてXが主張した事実とは両立せず、売買契約の否認ということになります。

　　「甲自動車をあげる」と言われたというYの主張は、売買契約の締結を否認する理由にあたり、売買ではなく贈与であるという**積極否認（理由付き否認）**と呼ばれています。

　　本事例では、Yは抗弁に当たる事実を主張していないので、認否は次のようになります。

> 請求原因は否認する。

ケ　事実記載例

　　本事例について、当事者の主張を整理すると次のとおりです。

1　請求原因
（1）原告は、被告に対し、令和元年5月30日、甲自動車を代金60万円で
　　売った。
（2）よって、原告は、被告に対し、上記売買契約に基づき、代金60万円
　　の支払いを求める。
2　請求原因に対する認否
　　請求原因（1）は否認する。

　　訴訟手続は、訴訟物について原告（X）が請求原因として一定の事実を主張し、これに対して被告（Y）が**抗弁**を主張します。さらに、原告が**再抗弁**を主張し、この再抗弁に対して被告が**再々抗弁**を主張する、という流れで進んで行きます。これを図示すると以下のようになります。

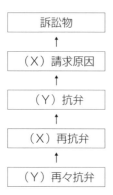

```
          訴訟物
            ↑
     （X）請求原因
            ↑
      （Y）抗弁
            ↑
     （X）再抗弁
            ↑
     （Y）再々抗弁
```

（8）　事例②（貸金返還請求）　設問

　それでは、次のような事例ではどうでしょうか。

　①請求の趣旨をどのように記載するか、②訴訟物は何か、③Ｘ及びＹが主張・立証すべき事実は何か、を中心に考えてみてください。

Ｘの言い分

　私は、Ｙに対し、平成30年７月20日に、返済期日同年10月31日の約定で、300万円を貸し付けましたので、Ｙに対し、貸金元本300万円の返還を求めます。

Ｙの言い分

　私がＸから300万円を借りたのは間違いありませんが、平成30年10月31日に全額を返済しています。

ア　主張の概要

```
--------------------------------------------------------------
--------------------------------------------------------------
--------------------------------------------------------------
```

イ　請求の趣旨

```
--------------------------------------------------------------
```

ウ　訴訟物

エ　請求原因

1
2
3

オ　請求原因に対する認否

カ　弁済の抗弁の要件事実

キ　抗弁に対する認否

ク　事実記載例

（9）　事例②（貸金返還請求）　**解説**

ア　主張の概要

　この事例では、ＸがＹに対して300万円を貸し付けたとしてその返済を求めています。

　これに対してＹは、Ｘから300万円を借りたことは間違いないが、既に弁済しているとして争っています。

イ　請求の趣旨

> 被告は、原告に対し、300万円を支払え。

ウ　訴訟物

> 消費貸借契約に基づく貸金返還請求権　　1個

エ　請求原因

> 1　原告は、被告に対し、平成30年7月20日、300万円を貸し付けた。
> 2　原告と被告は、上記1に際し、返還時期を平成30年10月31日と定めた。
> 3　平成30年10月31日は到来した。

　金銭消費貸借契約の成立要件は次の2つです（民法587条）。

　　①　金銭の返還の合意をしたこと

　　②　金銭の交付をしたこと

　これら2つの要件に該当する事実を合わせて、「貸し付けた」と表現します。

　そして、消費貸借契約は**貸借型の契約**のひとつです。貸借型の契約には賃貸借契約（民法601条）や使用貸借契約（民法593条）もあります。貸借型の契約は売買契約とどのような性質上の違いがあるでしょうか。

　貸借型の契約では、金銭その他の物を貸主が借主に利用させることが目的ですから、契約成立から返還までに一定の期間があることを必要とするのが一般的です。この点が、売買契約との大きな違いです。売買契約では契約締結と同時に代金の支払請求権が発生します。

　したがって、消費貸借契約では貸主は一定期間その目的物の返還を請求できず、契約関係が終了した時に初めて返還請求権が発生します。

さらに、当事者間に返還時期の合意がある場合は、「消費貸借契約の終了（返還時期の合意とその到来）」も貸金返還請求権を発生させる要件になります。

オ　請求原因に対する認否

> 請求原因１、２は認める。

カ　弁済の抗弁の要件事実

> 被告は、原告に対し、平成30年10月31日、上記消費貸借契約に基づく貸金返還債務の履行として300万円を支払った。

弁済とは、債務の内容である給付を実現させる債務者その他の者の行為をいいます。この弁済によって債権はその目的を達して消滅するという効果を生じます（民法474条以下）。

そして、弁済の主張は、消費貸借契約に基づく貸金返還請求権の消滅原因として、抗弁となります。

弁済の要件は次の２つです。

① 債務者（又は第三者）が債権者に対し給付をしたこと
② 上記①の給付がその債務の履行としてされたこと

そこで、本件においてＹが主張・立証すべき**弁済の抗弁**の要件事実は次のとおりです。

① Ｙが、Ｘに対し、平成30年10月31日、300万円を支払ったこと
② 上記①の支払いが本件消費貸借契約に基づく貸金返還債務の履行としてされたこと

なお、これらの事実を一括して、たとえば、「Ｙは、Ｘに対し、本件消費貸借契約に基づく貸金返還債務の履行として300万円を支払った。」などと表現することもあります。

キ　抗弁に対する認否

> 抗弁は否認する。

ク　事実記載例

1　請求原因

（1）　原告は、被告に対し、平成30年7月20日、300万円を貸し付けた。

（2）　原告と被告は、上記(1)に際し、返還時期を平成30年10月31日と定めた。

（3）　平成30年10月31日は到来した。

（4）　よって、原告は、被告に対し、上記消費貸借契約に基づき、貸金300万円の支払いを求める。

2　請求原因に対する認否

請求原因(1)、(2)は認める。

3　抗弁

弁済

被告は、原告に対し、平成30年10月31日、上記消費貸借契約に基づく貸金返還債務の履行として300万円を支払った。

4　抗弁に対する認否

抗弁は否認する。

---

(10)　民事訴訟審理の基本構造

　民事訴訟の審理は、申立て(訴え)、主張、立証の3段階で進行し、それぞれ**訴訟物レベル、主張レベル、立証レベル**といわれています。**処分権主義**（訴訟の開始、審判対象の限定、訴訟の終了を当事者の意思に委ねる原則）、弁論主義の第1原則から第3原則がそれぞれどこに位置付けられるかを示したのが下図です。

　なお、自由心証主義とは、裁判官が事実の認定をする際に、「**証拠調べの結果**」と「**口頭弁論の全趣旨**」を自由に評価して判断できるものとする建前です（民訴法247条）。立証レベルでは、実体的真実をよりよく発見するため、自由心証主義が採用されています。

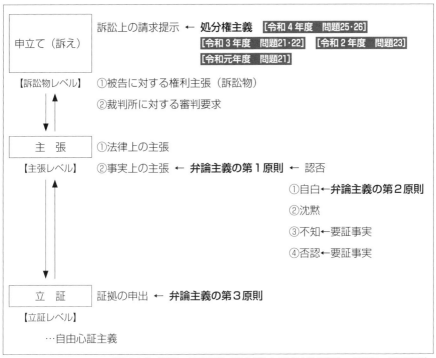

（藤田広美『講義　民事訴訟［第3版］』東京大学出版会、2013年、13頁参照）

(11)　請求原因・抗弁・再抗弁・再々抗弁の例

　請求原因、抗弁、再抗弁、再々抗弁を具体的に考察した一例が次頁の表です。

　特に、「売買代金」及び「貸金」について、特定行政書士法定研修考査で複数の出題がありました。

　それぞれ、抗弁及び再抗弁をしっかりと頭に入れてください。

請 求 原 因	抗　　弁	再 抗 弁	再 々 抗 弁
売 買 代 金	同時履行 （民法533条）	先履行の合意	
	未成年者 （民法5条1項・2項）	制限行為能力者の詐術 （民法21条）	
	錯誤 （民法95条1項・2項）	重過失 （民法95条3項）	相手方の故意・重過失、 同一錯誤 （民法95条3項1号・2号）

貸　　　金	弁済 （民法473条）		
	消滅時効 （民法166条1項、145条） **[令和3年度　問題23-4]**	時効の完成猶予 （民法147条等） **[平成28年度　問題21-3]**	
		時効援用権の喪失 （※最判昭和41年4月20日 民集20巻4号702頁）	
	相殺 （民法505条1項、506条1項） **[平成28年度　問題24-3]**		
	免除 （民法519条）		
建 物 収 去 土 地 明 渡 し （賃貸借終了）	建物所有目的 （借地借家法2条、3条、9条）	一時使用目的 （借地借家法25条）	
土 地 明 渡 し （ 所 有 権 ）	所有権喪失—代物弁済	虚偽表示 （民法94条1項）	善意の第三者 （民法94条2項）
抵 当 権 設 定 登 記 抹 消 登 記 手 続	登記保持権限—抵当権	合意解除	強迫 （民法96条1項）

※　最判昭和41年4月20日民集20巻4号702頁

　　消滅時効が完成した後に債務を承認した債務者は、承認した時点において時効完成の事実を知らなくても、消滅時効を援用できない旨を判示しました。

　　すなわち、時効完成後に債務を承認する行為があった場合は、債務者はもはや時効を援用しないであろうとの期待を相手方が抱くのが通常であることから、信義則上、その債務について債務者が時効を援用することは許されないとした判決です。

■ 民事訴訟と行政事件訴訟 ■

　ここまでは、民事訴訟における要件事実論を中心に説明してきました。しかし、行政事件訴訟においても要件事実論は有益なツールとなります。そもそも、行政事件訴訟も民事訴訟の一形態であり（行訴法7条）、要件事実や主張・立証責任等も民事訴訟と同様に観念できます。

　しかしながら、民事訴訟においては精緻な要件事実論が構築されていますが、行政事件訴訟の実務では要件事実は民事訴訟ほどには意識されていません。理由は大きく2つあります。

（1）私法分野と公法分野の構造の違い

　私法分野は対等な当事者間の関係です。そして私法は、当事者間で紛争が生じたときの解決ルール、すなわち**裁判規範**として機能しています。そのため、私法分野では法そのものが権利の発生要件、消滅要件のような形で構成され、要件事実の内容、主張・立証責任が明確になっています。

　これに対して公法分野では、「法律による行政の原理」のもとで公法は公権力に対する抑止手段、すなわち**行為規範**として成立してきました。そのため、**権利根拠規定**、**権利障害規定**といった形で明確に規定されておらず、**裁量**や**評価的要素**が入った規範的な規定が多数あります。したがって、法令の規定では要件事実や主張・立証責任が不明瞭であり、民事訴訟と比べて要件事実を精緻に理論構成することが難しいのです。

（2）事実認定が争点になるか否か

　民事訴訟は私人間の紛争です。そのため、法律の素人である当事者にとって証拠収集は困難であり、証拠があるかないか、証明力があるかないかという事実認定が主な争点になります。

　これに対して、行政事件訴訟の被告は国・地方公共団体等の行政主体です（行訴法11条）。行政主体は処分をする際、事前に十分な証拠を集めて事実認定を行っています。そのため、事実の存否ではなく法律論が主な争点になることが多くなります。したがって、主張・立証責任が問題になることはあまりないのです。

以上のように、行政事件訴訟ではその性質上、民事訴訟のようには要件事実が厳格に考慮されていないのが現状です。要件事実に関する文献も民事訴訟を前提に書かれているものが圧倒的多数です。

　行政事件訴訟がこのような様相ですから、いわんや行政不服申立て手続をや、であります。日本行政書士会連合会中央研修所監修『行政書士のための要件事実の基礎 第2版』における解説も、行政事件訴訟の類型別の要件事実論までにとどまっています。行政不服審査法上の手続についても民事訴訟と同様に要件事実論が確立されること、それが今後の課題といえます。

2　民事事実認定論

（1）　事実認定の重要性　[平成28年度　問題26-ア・イ・ウ・エ]

ア　民事裁判は、法規を大前提とし、具体的事実を小前提とする**法的三段論法**により、権利又は法律関係の存否を確定することによってなされます。

　すなわち、法規（大前提）を具体的事実（小前提）にあてはめることによって結論（権利又は法律関係の存否の確定）を導き出すのが民事裁判です。

イ　そして、適正な裁判を実現するためには、

　　①　**事実認定**

　　②　**法律の解釈適用**

の2つが的確になされることが必要です。

　権利又は法律関係の存否は観念的な存在であり、これを直接認識することはできません。

　そのため、事実認定をすることが必要になりますが、事実認定の過程を客

観化して裁判官の恣意的な判断を避けるために、事実認定は証拠に基づくことが求められます。

このような建前を**証拠裁判主義**といいます。

事実認定は民事裁判の根幹であり、事実認定の究極の目的は主要事実の認定にあります。

争いのある主要事実がその事件の争点です。

（２）　事実認定における経験則・論理則の役割（裁判官の思考方法）

ア　裁判官は、取り調べた証拠の証拠力（**証拠資料**が裁判官の**心証形成**に与える影響力）を吟味・評価し、弁論の全趣旨（民訴法247条）をも斟酌しながら、**要証事実**の存否について自己の判断（**心証**）を形成していきます。

イ　証拠の証拠力の評価については、裁判官の自由な判断に委ねられていますが（民訴法247条）、裁判官の恣意を許すものではなく、それは**経験則・論理則**にかなったものでなければなりません。

ウ　経験則・論理則にかなった誤りのない事実認定をするため、裁判官は「**動かしがたい事実**」をいくつか見つけ、それらを経験則で有機的につないでストーリーを考えます。そうすることによって、重要な事実関係がひとつの**仮説**として構築されることになります。

「動かしがたい事実」には、①強力な書証（契約書、受領書等）と、②争いのない事実があります。

（３）　事実認定の構造　[平成27年度　問題22-ウ・エ]

ア　どのように事実が認定されるか、どのような事実や証拠関係に着目して事

実認定を行うべきかということが**事実認定の構造**です。

イ　事実認定の構造には大きく分けて２つのパターンがあります。

① 　直接証拠から直接、要証事実である主要事実を**認定**する場合

② 　間接証拠から間接事実を認定し、さらに間接事実から要証事実である主要事実を**推認**する場合

さらに、直接証拠から主要事実を認定したり、間接証拠から間接事実を認定する際には、証拠の証拠力を判断する必要があります。証拠の証拠力を判断する際に使用される事実を補助事実といいます。

- **主要事実**…権利の発生・消滅という法律効果の判断に直接必要な要件事実
- **間接事実**…主要事実の存否を推認するのに役立つ事実
  [令和４年度　問題27-ア]　[平成27年度　問題22-ウ・エ]
- **補助事実**…証拠の証拠力に影響を与える事実

- **直接証拠**…要証事実である主要事実を直接に証明できる内容を持つ証拠　[令和４年度　問題27-ウ]　[令和元年度　問題23]
  [平成28年度　問題25-イ]
- **間接証拠**…間接事実や補助事実を証明する証拠　[令和元年度　問題23]
- **補強証拠**…証拠Ａが提出されて甲事実の存在が証明される場合、Ａの証明力を補充し強化する別の証拠Ｂ
  [令和４年度　問題27-イ]　[平成28年度　問題25-ア]

主要事実	
↑ 認定	↑ 推認
直接証拠	間接事実
↑ 信用性判断	↑ 認定
補助事実	間接証拠
	↑ 信用性判断
	補助事実

ウ　弁論主義（第１原則）の適用を受けるのは、主要事実のみです。

なぜなら、仮に間接事実又は補助事実についても弁論主義を認めると、裁

判官の**自由心証**に基づく合理的判断を妨げるおそれがあり、またこれらの事実についても当事者の主張を要するとすると**審理**を硬直化させるおそれがあるからです。

（4）　適正な事実認定を行うための工夫

ア　時系列表

　　時間軸による事件記録の整理。時系列表に並んだ「動かしがたい事実」を、経験則を踏まえて虚心坦懐に検討することによって、事件の流れが浮かび上がります。これと当事者の「**ストーリー**」（要証事実をめぐる一定の物語性を持った主張や供述等）を対比することで、その真実性を判断できることが少なくありません。

【時系列表の例】

年　月　日	事　　実	証拠方法
平成30年10月7日	Y→X　借入れの申込み	
10月26日	X　Z銀行の定期預金から500万円払戻し	甲2
10月26日	X→Y　貸付け（500万円？） 　　　　弁済期平成31年4月30日、利息10万円 X・Y　本件借用書（甲1）作成	
平成31年4月30日	Y→X　250万円弁済	
	中略	
令和元年7月9日	X　本件訴え提起	

イ　関係図

　　事件の関係者やその間で行われた法律行為などを図式化したもの。

【関係図の例】

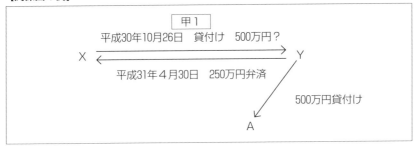

（5）証　拠

ア　証拠の意義

証拠とは、事実認定の基礎となる資料のことをいいます。また、**証拠方法**とは、証拠調べの対象となる有形物のことをいい、以下の2つがあります。

①　人　証

取調べの対象が人（当事者本人、**証人**等）である場合です。紛争の全体的な流れがわかり、全体像を示す証拠となるという特徴があります。その反面、質問の仕方や質問者によって答えが変わってくる場合があります。また、記憶に変容が生じたり、虚偽の供述がされることもあるなど、内容が流動的です。そのため、人証については慎重な検討を要します。

②　物　証

取調べの対象が物体（文書等、書証）である場合で、固定的なものであり、断片的な証拠となるという特徴があります。

人　証	書　証
流動的	固定的
全体像	断片的

そして、**証拠能力**とは、証拠資料を事実認定のために利用し得る資格のことをいいます。次に説明する証拠力があっても、証拠能力のない証拠は採用されません。

証拠力（証明力、証拠価値）とは、証拠資料が裁判官の心証形成に与える影響力のことをいいます【平成29年度　問題22】。証拠力には以下の2つがあります。

①　形式的証拠力

書証の場合は、文書が証拠となり得る資格（文書の記載内容が作成者の思想を表現したものであること）。

②　実質的証拠力

書証の場合は、形式的証拠力を備えた文書が事実認定に役立つ程度。

イ　証明の意義

（ア）　証明と疎明

証明とは、裁判官が要証事実の存否につき確信を抱いた状態、あるいは、

確信を得させるために証拠を提出する当事者の行為をいいます。また、**疎明**とは、証明の程度には至らないが一応確からしいという程度の蓋然性が認められる状態、又はその状態を実現するために当事者が証拠を提出する行為のことです。

(イ)　証明を要する事項　【平成29年度　問題27-イ・エ】　【平成28年度　問題26-キ】

証明を要する事項は、以下の３つが挙げられます。

①　事　実

証明の対象は主要事実（要件事実）であり、間接事実や補助事実も主要事実の認定に必要な限度で証明の対象となります。

②　法規・経験則

法規の存在及び内容は要証事項ではありません。

一般人が知っているような経験則（たとえば、雨が降れば道路がすべりやすくなること）は証明の必要がありませんが、特殊専門的な経験則（たとえば、道路が雨で濡れていて、自動車が時速Ｘキロで走っていれば、急ブレーキをかけてもＹメートルはスリップすること）は証明の対象となります。

③　不要証事実

「裁判所において当事者が自白した事実」及び「**顕著な事実**」は、証明する必要がありません（民訴法179条）。

「顕著な事実」には、**公知の事実**（世間一般に知れ渡っている事実）と**裁判所に顕著な事実**（裁判官としての職務の遂行上当然に知り得た事実）があります。

(ウ)　自　白

自白とは、相手方の主張と一致する自己に不利益な事実の陳述のことをいいます　【令和２年度　問題26-1】　【平成27年度　問題25-2】。

自白の効果は、①証拠調べの必要がなくなる（民訴法179条、**証明不要効**）、②裁判所に対する拘束力がある（**審判排除効**、弁論主義の第２原則）、③当事者間にも拘束力がある（**撤回禁止効**）という３点が挙げられます　【平成29年度問題27-ア】。

裁判上の自白は、原則として撤回できません。しかし、以下の３つの場合には例外的に**自白の撤回**が認められます　【令和２年度　問題26-3】

。

　　①　相手方が撤回に同意した場合

　　②　刑事上罰すべき他人の行為によって自白した場合

　　③　自白が真実に反していて、かつ、錯誤に基づいている場合

　　権利自白とは、訴訟物たる権利関係の前提となる権利・法律関係についての自白のことをいいます。たとえば、所有権に基づく返還請求で原告の所有権を認める被告の陳述などがこれに当たります。権利自白がなされると、相手方はその権利・法律関係を基礎付ける事実の主張・立証を要しません。

ウ　書　証

（ア）　書　証

　　書証とは、裁判官が文書を閲読して読み取った記載内容を証拠資料とするための証拠調べのことをいいます。一方、**文書**とは、文字その他の記号の組み合わせによって、人の意思、認識、判断、報告、感想等を表現している外観を有する有体物のことをいいます。文書はその内容によって**処分証書**と**報告文書**に分けられ、具体的には以下のようなものがあります。

処分証書	報告文書
意思表示その他の法律行為が文書によってされた場合のその文書	処分証書以外の文書で、事実に関する作成者の認識、判断、感想等が記載されたもの
（例）契約書、手形、遺言書	（例）領収証、商業帳簿、日記、手紙

　　文書の証拠力は、文書の記載内容が要証事実の証明に役立つか否か、また、役立つ程度とされています（上記（5）ア、形式的証拠力と実質的証拠力を参照）。

（イ）　書証の手続　

　　書証の申出は、①**文書の提出**（民訴法219条）、②**文書提出命令の申出**（民訴法219条）、③**文書送付嘱託の申立て**（民訴法226条）のいずれかによります。

（ウ）　文書の成立の真正の推定

　　公文書と私文書で文書の成立の真正の推定に違いがあります。

①　公文書　[令和4年度　問題27-カ]

「公務員が職務上作成したものと認めるべきときは、真正に成立した公文書と推定する。」（民訴法228条2項）

②　私文書

「本人又はその代理人の署名又は押印があるときは、真正に成立したものと推定する。」（民訴法228条4項）

これは、本人又は代理人が文書にその意思に基づいて署名又は押印をしている場合には、その文書全体が同人の意思に基づいて作成されているのが通常であるという経験則を基礎としています。

（エ）　二段の推定　[平成29年度　問題22]　[平成27年度　問題22-ア]

民事訴訟法228条4項は、文書に本人の意思に基づく署名又は押印があることを前提事実とする推定です。したがって、文書に印影があっても、それが本人の意思に基づいて押印されたといえない限り、同項の推定は働きません。

しかし、わが国では、自己の印章は厳重に保管・管理し、理由もなく他人に使用させることはないという経験則があると考えられます。そのため、本人の印章によって顕出された印影が文書に存在するときは、その印影の顕出は本人自身が行ったか、その意思のもとにされたものと推測してよいと考えられます。

そうすると、文書上の印影が本人の印章によって顕出されたものであるときは、**反証**がない限り、その印影は本人の意思に基づいて顕出されたものと事実上推定するのが相当です（**一段目の推定**、最判昭和39年5月12日民集18巻4号597頁）。

そして、この推定によって、民事訴訟法228条4項の適用のための要件である「本人の意思に基づく押印があるとき」を充たすことになります。したがって、文書全体について同項の推定が働くことになるのです（**二段目の推定**）。

> 本人の印章による印影
> ↓　**一段目の推定**
> 押印の真正（意思に基づく押印）の推定
> ↓　**二段目の推定**
> 文書の成立の真正

エ　自由心証主義　【平成28年度　問題22-3、25-エ、26-オ】　【平成27年度　問題23】

（ア）　民事訴訟法247条は、「裁判所は、判決をするに当たり、口頭弁論の全趣旨及び証拠調べの結果をしん酌して、自由な心証により、事実についての主張を真実と認めるべきか否かを判断する。」と規定しています。これを自由心証主義といいます。

　　　　ただし、裁判官の恣意的判断を認めるものではなく、経験則・論理則に基づく合理的なものでなければなりません。

　　　　近代の訴訟法では自由心証主義が採用されています。自由心証主義に対する考え方は**法定証拠主義**です。

（イ）　自由心証の基礎資料として用いることができるのは、適法に弁論に顕出された資料や状況で、これには「弁論の全趣旨」及び「証拠調べの結果」が含まれます。

　　　　ここで**「弁論の全趣旨」**とは、口頭弁論に顕れた一切の**訴訟資料**から証拠調べの結果を除いたものをいいます。たとえば、当事者の主張内容や攻撃防御方法の提出時期がこれに当たります。

（ウ）　自由心証主義により、原則としてあらゆるものに証拠能力があるとされます（**証拠方法の無制限**）。

（エ）　損害額の認定の特則

　　　　民事訴訟法248条は、「損害が生じたことが認められる場合において、損害の性質上その額を立証することが極めて困難であるときは、裁判所は、口頭弁論の全趣旨及び証拠調べの結果に基づき、相当な損害額を認定することができる」と規定しています。

　　　　同条の趣旨は、損害の発生が認められる場合の被害者の保護です。すなわち、被害者の損害の発生自体は認められたとしても、具体的損害額が証明されないときは、結局、損害額の立証がないとして、損害賠償請求が棄却されてしまうおそれがあります。

　　　　そこで、被害者の救済を図るため、裁判所が損害発生自体を認めることができた場合には、具体的な損害額を明確に認めることができないときでも、弁論の全趣旨及び証拠調べの結果に基づいて、裁判所の裁量によって損害額を算出・認定することができることとしました。

（オ）　証拠共通の原則　　[令和3年度　問題23-3]　　[平成30年度　問題27-1]

　　適法に行われた証拠調べの結果は、申請した当事者の利益になるか不利益になるかにかかわらず、事実認定の資料にすることができるという民事訴訟法上の原則です。

　　裁判所による自由な心証形成に対する制約を排除するものであり、自由心証主義の帰結です。

第3章では要件事実・事実認定論の総復習をしました。この分野から1問1答形式で作問しています。解答・解説は右のページにありますので、解答後に参照してください。

以下の問に○又は×で答えてください。

解答日・正誤	問 題
／　□ ／　□	1　裁判所は、一方当事者に主張責任のある主要事実については、相手方当事者が主張していれば判決の基礎とすることができる。
／　□ ／　□	2　主要事実、間接事実、補助事実のうち、弁論主義第1原則の適用を受けるのは主要事実のみである。
／　□ ／　□	3　請求原因に対する認否の態様のひとつとして「沈黙」があるが、沈黙はその事実を争ったものと推定される。

解答・解説

1　○　裁判所は、当事者が主張していない事実を認定して判決の基礎にしてはならないという原則は、弁論主義の第1原則（第1テーゼ）です。弁論主義は、裁判所と当事者との役割分担の原則ですから、「当事者が主張していない事実」とは、両当事者とも主張していない事実のことです。したがって、当事者の一方が主張している場合は、裁判所は当該事実を証拠によって認定して判決の基礎にすることができます。これが「主張共通の原則」です。

2　○　弁論主義第1原則の適用を受けるのは、主要事実（権利の発生・消滅という法律効果の判断に直接必要な要件事実）のみです。間接事実（主要事実の存否を推認するのに役立つ事実）、補助事実（証拠の証拠力に影響を与える事実）についても弁論主義の適用を認めると、裁判官の自由心証に基づく合理的判断を阻害するおそれがあり、当事者にとっても、これらの事実を自ら主張する必要があるとすると審理を硬直化させるおそれがあるからです。

3　×　沈黙（相手方から主張された事実について黙っていること）は、弁論の全趣旨からその事実を争っていると認められるときを除き、自白したものとみなされます（擬制自白、民訴法159条1項）。一般の使い方とズレがありますので、よく頭に入れておいてください。なお、不知（相手方から主張された事実について知らないと答えること）は、その事実を争ったものと推定されます（同条2項）。沈黙では「みなす」、不知では「推定する」となっており、効果の違いにも注意が必要です。

／ □
／ □
4　自白の撤回が認められるのは、①相手方が撤回に同意した場合、②刑事上罰すべき他人の行為によって自白した場合、③自白が真実に反し、または、錯誤に基づいている場合、の3つである。

／ □
／ □
5　売買代金支払請求の要件事実として主張すべき事実の一つには、売主の目的物所有もある。

／ □
／ □
6　日本の民事訴訟法は、証拠方法を限定することによって、裁判官の恣意的判断を抑制し、事実認定の均質化・安定化を図る考え方を採っている。

4　×　裁判上の自白は、原則として撤回できませんが、例外的に撤回が認められる３つの場合があります。①相手方が撤回に同意した場合、②刑事上罰すべき他人の行為によって自白した場合、③自白が真実に反していて、かつ、錯誤に基づいている場合、です。

　　　本問では、③の反真実と錯誤の両者が「または」で結ばれている点が誤りです。

5　×　民法555条は、「売買は、当事者の一方がある財産権を相手方に移転することを約し、相手方がこれに対してその代金を支払うことを約することによって、その効力を生ずる。」と規定しています。この規定によれば、売買契約が成立するための要件は、①財産権（目的物）の移転、②代金支払いの合意、の２つです。そして、その合意があったといえるためには、①目的物、②代金額又は代金額の決定方法が確定していること、の２つが必要になります。

　　　同条は、売買の目的物の所有権の帰属については何も要求していません。他人物売買も有効であることから（民法560条）、売主の目的物所有は売買契約成立の要件ではありません。したがって、売買代金支払請求の要件事実として主張すべき事実ではありません。

6　×　本問の考え方は「法定証拠主義」です。これに対して、日本の民事訴訟法は「自由心証主義」を採用しています。民事訴訟法247条は、「裁判所は、判決をするに当たり、口頭弁論の全趣旨及び証拠調べの結果をしん酌して、自由な心証により、事実についての主張を真実と認めるべきか否かを判断する。」と規定しています。

第**4**章

特定行政書士の実務

1 特定行政書士制度

　行政書士法改正（平成26年12月27日施行）により、日本行政書士会連合会が実施する研修を修了した行政書士（**特定行政書士**）は、**行政不服申立て**（**審査請求、再調査の請求、再審査請求等**）に係る手続の代理が行えるようになりました（行政書士法１条の３第１項２号、２項）。

　行政不服申立て手続の目的は、①国民の権利利益の救済、②行政の適正な運営の確保にあります（行審法１条１項）。

　特定行政書士制度が適切に運用されることによって、わが国の**行政救済制度**の機能向上に資することになるものと期待されています。

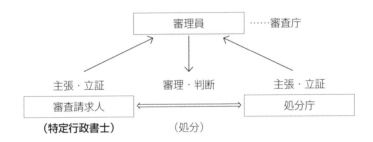

2 審査請求手続の流れ

　処分に対する審査請求手続、不作為に対する審査請求手続をそれぞれ具体的に説明すると、おおむね以下のようになります（太字部分が特定行政書士の業務）。

（1） 処分に対する審査請求手続

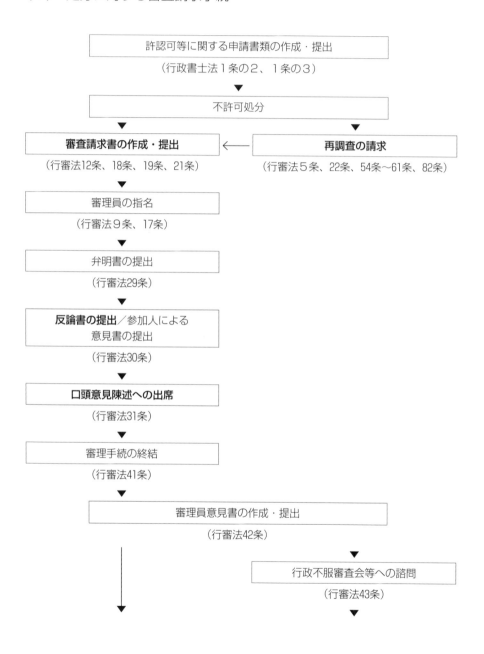

許認可等に関する申請書類の作成・提出

（行政書士法1条の2、1条の3）

▼

不許可処分

▼

審査請求書の作成・提出 ←── 再調査の請求

（行審法12条、18条、19条、21条）　　（行審法5条、22条、54条～61条、82条）

▼

審理員の指名

（行審法9条、17条）

▼

弁明書の提出

（行審法29条）

▼

反論書の提出／参加人による
意見書の提出

（行審法30条）

▼

口頭意見陳述への出席

（行審法31条）

▼

審理手続の終結

（行審法41条）

▼

審理員意見書の作成・提出

（行審法42条）

▼

行政不服審査会等への諮問

（行審法43条）

▼

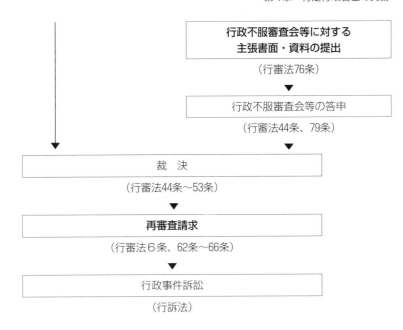

行政不服審査会等に対する
主張書面・資料の提出

（行審法76条）

▼

行政不服審査会等の答申

（行審法44条、79条）

▼

裁　決

（行審法44条〜53条）

▼

再審査請求

（行審法6条、62条〜66条）

▼

行政事件訴訟

（行訴法）

（2）　不作為に対する審査請求手続

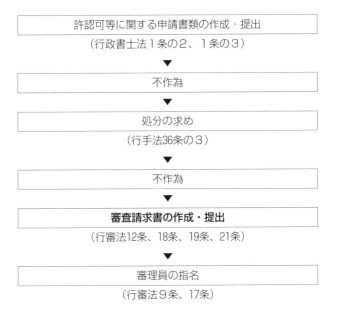

許認可等に関する申請書類の作成・提出

（行政書士法1条の2、1条の3）

▼

不作為

▼

処分の求め

（行手法36条の3）

▼

不作為

▼

審査請求書の作成・提出

（行審法12条、18条、19条、21条）

▼

審理員の指名

（行審法9条、17条）

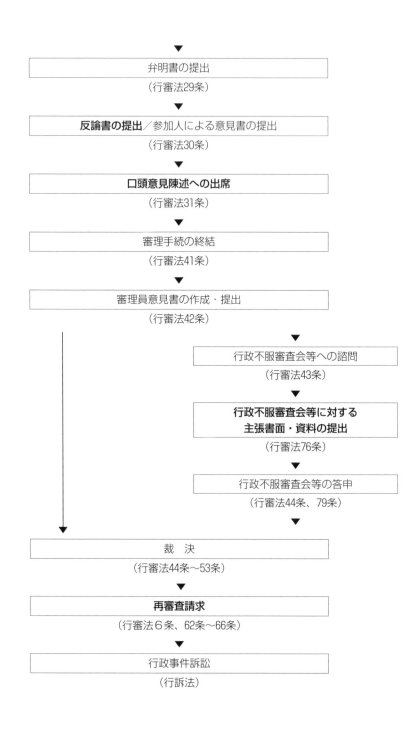

▼

弁明書の提出

（行審法29条）

▼

反論書の提出／参加人による意見書の提出

（行審法30条）

▼

口頭意見陳述への出席

（行審法31条）

▼

審理手続の終結

（行審法41条）

▼

審理員意見書の作成・提出

（行審法42条）

▼

行政不服審査会等への諮問

（行審法43条）

▼

行政不服審査会等に対する
主張書面・資料の提出

（行審法76条）

▼

行政不服審査会等の答申

（行審法44条、79条）

▼

裁　決

（行審法44条〜53条）

▼

再審査請求

（行審法６条、62条〜66条）

▼

行政事件訴訟

（行訴法）

3　書式例

実務でも活用できる8つの書式例を掲載しています。参考にしてください。

（1）　処分取消の審査請求書

（2）　申請に対する不作為の審査請求書

（3）　証拠説明書

（4）　陳述書

（5）　審査請求委任状

（6）　審査請求参加許可申請書

（7）　審査請求参加取下げ書

（8）　審理員意見書

（1） 処分取消の審査請求書

行政不服審査法12条、19条1項・2項・4項・5項、82条

令和4年7月21日

法務大臣　　○○　　○○　　殿

審査請求人　松本　太郎　㊞
上記代理人　特定　二郎　㊞

審査請求書

次のとおり審査請求を行う。

第1　審査請求人の住所、氏名
住所　長野県松本市中央○丁目○番○号
氏名　松本　太郎

第2　審査請求代理人の住所、氏名
住所　長野県松本市深志○丁目○番○号
氏名　特定　二郎

第3　審査請求に係る処分の内容
出入国管理及び難民認定法61条の2の2第2項の規定による在留
資格取得を許可しない旨の処分（以下「本件処分」という。）

第4　審査請求に係る処分があったことを知った年月日
令和4年7月16日

第5　審査請求の趣旨
法務大臣が審査請求人に対して令和4年7月13日付で行った本件
処分を取り消すとの裁決を求める。

第6　審査請求の理由

　1　争点

　　　処分庁が行った本件処分は、以下の事実関係のもとでは審査請求
　　人が入管法61条の２の「難民」に該当することは明らかであるから
　　違法である。

　2

　3

　4

　5

　6　結論

　　　以上より、本件処分は違法であるから、取り消されるべきである。

第7　処分庁の教示の有無及びその内容有り。内容の概要は以下のとお
　　り。

　　　「この通知を受け取った日から７日以内に法務大臣に審査請求す
　　ることができる。」

　　　　　添　付　書　類

　1　審査請求書副本　　　　　1通
　2　甲号証（写し）　　　　　各2通
　3　証拠説明書　　　　　　　1通
　4　審査請求委任状　　　　　1通

　　　　　　　　　　　　　　　　　以　上

（2） 申請に対する不作為の審査請求書

行政不服審査法12条、19条1項・3項・4項・5項

令和4年7月21日

○○○○大臣　○○○○　殿

審査請求人　松本　太郎　㊞

上記代理人　特定　二郎　㊞

審査請求書

次のとおり審査請求を行う。

第1　審査請求人の住所、氏名

住所　長野県松本市中央○丁目○番○号

氏名　松本　太郎

第2　審査請求代理人の住所、氏名

住所　長野県松本市深志○丁目○番○号

氏名　特定　二郎

第3　当該不作為に係る処分についての申請の内容

第4　上記申請日

令和4年6月16日

令和4年6月18日（申請書到達日）

第5　審査請求の理由

添　付　書　類

1　審査請求書副本　　　　　1通

2　甲号証（写し）　　　各2通

3　審査請求委任状　　　　1通

以　上

（3）　証拠説明書

行政不服審査法32条1項・3項

審査請求人　　松本　太郎
審査請求に係る処分　　出入国管理及び難民認定法61条の2の2第2項の規定による
　　　　　　　　　　　在留資格取得を許可しない旨の処分

証拠説明書

令和4年7月21日

法務大臣　○○　○○　殿

審査請求代理人特定行政書士　特定　二郎　㊞

甲号証	標目 （原本・写しの別）		作成 年月日	作成者	立証趣旨	備考
1	陳述書	原本	令和4年7月19日	審査請求人	本件審査請求に至る経緯	
2						
3						
4						
5						

以　上

（4）　陳述書

行政不服審査法34条

陳述書

法務大臣　○○　○○　殿

（住所）長野県長野市桜枝町○丁目○番○号
（氏名）縣　守一　㊞

　私は、本件審査請求に至る経緯として以下の事情がありますので陳述致します。

第1
第2

以　上

（5） 審査請求委任状

行政不服審査法12条1項・2項

㊞

審査請求委任状

令和4年7月15日

住　所　〒390-0811
　　　　　長野県松本市中央○丁目○番○号
委任者　松本　太郎　㊞

　　　　は、次の特定行政書士を審査請求代理人と定め、下記審査請求に係る事項を委任します。

　　　　特定行政書士　　特定　二郎
　　　　長野県行政書士会所属
　　　　住所　〒390-0815
　　　　　　　長野県松本市深志○丁目○番○号
　　　　電話　0263-○○-○○○○
　　　　FAX　0263-○○-○○○○

記

1　審査庁　法務大臣
2　処分庁　東京出入国在留管理局長
3　審査請求に係る処分　出入国管理及び難民認定法61条の2の2第2
　項の規定による在留資格取得を許可しない旨の処分

　及び下記事項
　1　復代理人の選任
　2　審査請求の取下げ

（6）　審査請求参加許可申請書

行政不服審査法13条1項

令和4年8月10日

審理員　上田　三郎　殿

長野県松本市岡田○丁目○番○号
茅野　茂　㊞
（電話　0263-○○-○○○○）

審査請求参加許可申請書

　下記のとおり、審査請求に参加したいので、行政不服審査法第13条第1項の規定により許可を申請します。

記

1　審査請求の件名
　　出入国管理及び難民認定法61条の2の2第2項の規定による在留資格取得を許可しない旨の処分

2　審査請求年月日
　　令和4年7月21日

3　審査請求人の住所又は居所及び氏名
　　住所　長野県松本市中央○丁目○番○号
　　氏名　松本　太郎

4　参加の理由
　　申請人は、審査請求人が取消しを求めている、出入国管理及び難民認定法61条の2の2第2項の規定による在留資格取得を許可しない旨の処分により、○○○（法的権利又は利益）を受けた者であり、審査請求の裁決の内容について重大な利害関係を有するため。

5　添付書類
　　○○○○　　　　　1通
　　○○○○　　　　　1通

（７）　審査請求参加取下げ書
行政不服審査法13条４項

令和４年８月21日

審理員　上田　三郎　殿

長野県松本市岡田○丁目○番○号
茅野　茂　㊞
（電話　0263-○○-○○○○）

審査請求参加取下げ書

　令和４年８月14日をもって許可のあった下記の審査請求への参加について、下記の理由により、これを取り下げます。

記

1　審査請求の件名
　　出入国管理及び難民認定法61条の２の２第２項の規定による在留資格取得を許可しない旨の処分についての審査請求

2　審査請求年月日
　　令和４年７月21日

3　審査請求人の住所又は居所及び氏名
　　住所　長野県松本市中央○丁目○番○号
　　氏名　松本　太郎

4　取下げの理由

（8）　審理員意見書

行政不服審査法42条

1　主文

2　事案の概要

3　審理関係人の主張の要旨

4　理由

（1）基礎事実

（2）争点

（3）争点に対する当事者双方の主張

　　①請求人

　　②原処分庁

（4）判断

　　①認定事実（どの証拠で認定したかを明確に示す）

　　②法令等の規定

　　③判断

（ぎょうべんネット編『新行政不服審査法　審理員のノウハウ・不服申立代理人のスキル―　　新制度を使いこなすために』民事法研究会、2016年、27頁から引用）

4　行政不服審査会の答申

　行政不服審査会へ諮問が行われた案件については、答申の内容が公表されます（行審法79条）。

　参考までに、審査請求に関する審査庁（厚生労働大臣）の諮問に対し、行政不服審査会が行った答申（令和元年度答申第19号）を以下でご紹介します。この答申では、「本件審査請求は棄却すべきである旨の諮問に係る判断は、妥当とはいえない。」との結論を出しています。

諮問番号　令和元年度諮問第16号（令和元年5月14日諮問）

審査庁　厚生労働大臣

事件名　社会復帰促進等事業としての義肢等補装具費支給に係る購入費用支給の不承認決定に関する件

答申書

審査請求人Xからの審査請求に関する上記審査庁の諮問に対し、次のとおり答申する。

結論

本件審査請求に係る処分は十分な理由提示がされていない点において取り消されるべきであるから、本件審査請求は棄却すべきである旨の諮問に係る判断は、妥当とはいえない。

理由

第1　事案の概要

　1　本件審査請求の骨子

　　　本件は、審査請求人X（以下「審査請求人」という。）が労働者災害補償保険法（昭和22年法律第50号。以下「労災保険法」という。）29条1項に基づく社会復帰促進等事業としての義肢等補装具購入費用支給申請（以下「本件支給申請」という。）をしたのに対し、A労働局長（以下「処分庁」という。）がこれを不承認とする決定（以下「本件処分」という。）をしたところ、審査請求人がこれを不服として審査請求した事

案である。

2　関係する法令の定め

　　労災保険法29条1項は、政府は、労働者災害補償保険の適用事業に係る労働者及びその遺族について、社会復帰促進等事業として、同項各号に掲げる事業を行うことができる旨規定し、同項1号は、療養に関する施設及びリハビリテーションに関する施設の設置及び運営その他業務災害及び通勤災害を被った労働者（以下「被災労働者」という。）の円滑な社会復帰を促進するために必要な事業を掲げている。

　　なお、同条2項は、同条1項各号に掲げる事業の実施に関して必要な基準は、厚生労働省令で定める旨規定するが、その実施に必要な基準を定める厚生労働省令はない。

3　事案の経緯

　　各項末尾掲記の資料によれば、本件の経緯は以下のとおりである。

(1)　審査請求人は、昭和57年に転落事故により両下肢麻痺となり車椅子を使用していたものであるが、平成28年3月7日、通勤災害により「頚髄不全損傷、腰髄損傷」の傷害を負い（以下「本件負傷」という。）、同年9月26日に治癒（症状固定）と診断された。

　　　　（労働者災害補償保険診断書（P病院医師作成、平成28年10月12日付け）、
　　　　　　　　　　　　　　　　　　　　　　　　　　　　　　障害状態調査書）

(2)　審査請求人は、治癒後に障害が残存するとして、B労働基準監督署長（以下「本件監督署長」という。）に対し、障害給付等の支給を申請したところ、本件監督署長は、平成29年1月12日、審査請求人に残存する障害は、労働者災害補償保険法施行規則（昭和30年労働省令第22号）別表第1の障害等級表に照らして障害等級第1級の3（神経系統の機能又は精神に著しい障害を残し、常に介護を要するもの）に当たると決定した。

　　　　　　　　　　　　　　　（障害給付支給申請書、障害状態調査書）

(3)　審査請求人は、処分庁に対し、平成28年10月18日、従前から使用している車椅子より軽量の車椅子の作成が必要であるとして本件

支給申請をし、同年12月1日、当該車椅子（品名「Ｃ」、見積り金額109万5000円。以下「本件車椅子」という。）の見積書を処分庁に提出した。

（義肢等補装具購入・修理費用支給申請書、見積書）

⑷　処分庁は、本件支給申請に対し、本件処分を行った。なお、平成30年4月10日付け義肢等補装具購入・修理費用支給不承認決定通知書（以下「本件処分通知書」という。）の不承認の理由記載欄には、「労災保険適用外のため、申請は不承認となります。」と記載されている。

（義肢等補装具購入・修理費用支給不承認決定通知書）

⑸　審査請求人は、平成30年4月23日、審査庁に対し、本件処分を不服として、本件審査請求をした。

（審査請求書）

⑹　審査庁は、令和元年5月14日、当審査会に対し、本件審査請求を棄却すべきであるとして、諮問した。

（諮問説明書）

4　審査請求人の主張の要旨

審査請求人が使用している現行の車椅子は14kg以上あり非常に重く、審査請求人を介護する妻もヘルニアのため、車両に積載するために車椅子を持ち上げることが困難であり、最軽量の車椅子（3kg弱）が早期に必要であるから、本件処分の取消しを求める。

（審査請求書）

第2　審査庁の諮問に係る判断の要旨

審査庁の判断は、おおむね次のとおりであり、審理員の意見もこれと同旨である。

1　審査請求人が、本件負傷により上肢の筋力が低下したため、現在使用している車椅子では車両を利用する際の車内への積載に支障を来しているので、より軽量の車椅子が必要であるとして本件支給申請を行ったところ、処分庁は、義肢等補装具費支給要綱（平成18年6月1日付

け基発第0601001号厚生労働省労働基準局長通知「義肢等補装具の支給について」の別添。以下「要綱」という。）で定められた支給要件に該当しないとして本件処分を行ったものである。

2　支給対象となる車椅子の型式及び価格等の詳細並びに修理基準については、要綱の別表2及び別表3に定められているが、本件車椅子はこれらの表にないことから、要綱に定める支給基準に該当しない。

3　要綱は、支給基準及び修理基準並びに支給の手続について、必要最小限の目的すら達せられない場合に限り基準外支給を認めている。
　この「必要最小限の目的すら達せられない場合」とは、当該義肢等補装具を支給したところでは、何ら被災労働者の社会復帰の促進にはならない場合等、支給基準に定められた範囲内の支給を行っても、全く被災労働者の社会復帰の支援に当たらず、支給する意義すらない場合と解されている。

4　介助者等が審査請求人に代わって車両に車椅子を積載可能かどうかについては、審査請求書に「介助する妻もヘルニアの為、（通常の車椅子を）持ち上げるのに困難」との記載があるが、同書面には、審査請求人の子が介助を行うことが推察される資料が添付されており、また、妻が車椅子を持ち上げることが困難な程度は不明であることから、審査請求人に代わって車両に車椅子を積載する介助者等がいないとまでは判断できない。

5　審査請求人が、軽量の車椅子を独力で車両に積載可能かどうかについては、反論書に積載の手順が具体的に記載されているが、審査請求人が実際に積載できることを確認できる記載はない。また、手を使って車椅子の部品を持ち上げる動作が記載されているところ、審査請求人は両上肢で軽いものを持ち上げることは困難というA労働局地方労災医員の医学所見があり、本件処分時点において、軽量の車椅子であれば車両に積載可能かを確認することができず、審査請求人の社会復帰の支援に当たるものとなるかどうかは不明と判断される。

6　よって、本件車椅子については、要綱に定める支給基準及び基準外

支給の対象には該当しないことから、本件処分は妥当である。

第3　当審査会の判断

1　本件諮問に至るまでの一連の手続について

　　本件の審理員の審理手続については、特段違法又は不当と認められる点はうかがわれない。

2　本件処分の適法性及び妥当性について

(1)　要綱は、購入費用を支給できる種目として、車椅子を含む23の種目を掲げた上で、その支給基準を規定しており、対象者及び範囲については別表1、型式及び価格等については別表2がそれぞれ支給基準として定められている。

　　その上で、要綱には「5　基準外支給」として、「やむを得ない事情により必要があると認めるときは、別途定めるところにより、2の支給種目の範囲内において、3の支給基準及び4の修理基準並びに8の支給の手続に基づかない購入費用又は修理費用の支給をすることができる。」との規定が設けられ、基準外支給に関する同規定には「ただし、本要綱に定める支給基準及び修理基準並びに支給の手続では必要最小限の目的すら達せられない場合に限り認められるものである。」との記載もある。

　　なお、上記「別途定めるところ」とは、基準外支給の必要があると認めるときは厚生労働省労働基準局補償課と協議を行う等の手続に関する定めである。

　　以上を前提にすると、審査請求人が費用の支給を申請した車椅子は、型式及び価格等に関する支給基準である別表2には該当するものではなく、処分庁は、「基準外支給」の要件にも該当しないと認めて、本件処分を行ったものと認められる。

(2)　しかし、本件処分には、以下の問題がある。

ア　審査基準の具体性が不十分である

　　基準外支給ができる要件として、要綱は、「やむを得ない事情により必要があると認めるとき」、あるいは、「本要綱に定める

支給基準では必要最小限の目的すら達せられない場合」と規定しているが、これだけでは審査基準として具体性が不十分である。

　行政手続法（平成5年法律第88号。以下「行手法」という。）5条1項は、行政庁は審査基準を定めるものとするとし、同条2項は、行政庁は、審査基準を定めるに当たっては、許認可等の性質に照らしてできる限り具体的なものとしなければならないとしているが、要綱の上記規定は、同項の要求を満たすものとはいい難い。

　そもそも、審査基準は、法令の存在を前提とした上で、その法令の定めに従って判断するために必要とされる基準をいう（行手法2条8号ロ）ところ、労災保険法29条2項が、社会復帰促進等事業の実施に必要な基準は厚生労働省令で定めるものとすると明記しているにもかかわらず、かかる省令がいまだに定められておらず、審査基準において法令の定めを具体化ないし補完するという関係が成り立たないことがかかる具体性に欠ける審査基準の背景にあるともいえる。

イ　審査基準をどのように本件に当てはめて、本件処分としたのか明確でない

　本件支給申請は、車椅子を車両に積載する力がないため、非常に軽量な車椅子の作成が必要であるとして、本件車椅子の購入費用の支給を求めたものである。

　これに対する本件処分は、処分庁の弁明書によると、「（審査）請求人は要綱で定める車椅子を日常の生活や就労の場で使用可能であること」、「軽量の車椅子を支給しても、（審査）請求人の両上肢の筋力では一人で車椅子を持ち上げることは困難であり、（審査）請求人の求める目的は達せられないこと」を理由としているようであり、また、本件審査請求を棄却すべきであるとする審査庁の判断は、諮問説明書によると、介助者が代わって車椅子を積載することについて、「代わって車椅子を積載する介助者等がいないとまでは判断できない。」とし、軽量の車椅子を独

力で車両に積載可能かどうかについて、「可能かを確認すること
ができず、（審査）請求人の社会復帰の支援に当たるものとなる
かどうかは不明と判断される。」などとしている。

　処分庁及び審査庁が述べるこれら本件処分の理由をみても、ま
ず、本件における車椅子購入費用の支給によって達成されるべき
「必要最小限の目的」をいかなるものと捉えたのか不明確である。
すなわち、日常生活及び就労の場での車椅子の使用ができれば必
要最小限の目的を達せられるとしているのか、車椅子を車両に積
載して自宅から職場まで車両で移動することも含めて必要最小限
の目的としているのかが明確でない。

　この点、車椅子を車両に積載できるかどうかを問題としている
ところからみると、購入費用の支給によって達成されるべき必要
最小限の目的には、車椅子を車両に積載して自宅から職場まで車
両で移動することも含めているようでもあるが、支給基準内の車
椅子でこれが可能かどうかにつき、どのように判断しているのか
は不明である。

　結局、処分庁が審査基準をどのように本件に当てはめて本件処
分としたのかは不明確であり、審査庁が審査基準をどのように本
件に当てはめて本件審査請求を棄却すべきと判断しているのかも
不明確といわざるを得ない。

ウ　本件処分通知書に不承認の理由が示されていない

　本件処分の理由には「労災保険適用外のため、申請は不承認と
なります。」とのみ記載され、いかなる支給要件が満たされてい
ないのか記載されておらず、これでは本件処分の理由を理解する
ことはできない。

　行手法が、行政庁が申請拒否処分をするときは、申請者に対
してその理由を示さなければならず（行手法8条1項）、処分を
書面でするときは、その理由を書面で示さなければならない（同
条2項）と定める趣旨は、行政の恣意の抑制、慎重な判断の確保、

当事者の不服申立ての便宜などにあるのであるから、本件処分通知書における不承認の理由の記載については、基準外支給の要件のいかなる要件を満たしていないのか具体的に示すべきである。

　　本件処分通知書の理由の記載は、理由の提示として明らかに不十分である。

(3)　以上のとおり、本件においては、審査基準の具体性が不十分である上、審査基準をどのように当てはめたか不明確であり、本件処分通知書に十分な理由提示がされていない。理由の提示には、行政の恣意を抑制し、慎重な判断を確保するという機能と、審査請求人に対して争訟提起上の便宜を図る機能が存することを踏まえて検討するに、本件処分における理由提示の不備は甚だしく、優に手続上の違法を構成する。そればかりでなく、処分庁の説明には、通常人の一応の納得を得られるだけの論理性が欠けているのであるから、実体的に見ても、適法に権限が行使されたと判断することができない。したがって、本件処分は取り消されるべきである。

3　付言

　労災保険法29条2項は、社会復帰促進等事業の実施に関して必要な基準は厚生労働省令で定める旨規定しているにもかかわらず、これに関する必要な基準を定めた厚生労働省令はこれまで制定されておらず、義肢等補装具費の支給は、要綱に基づいて行われているにすぎない。義肢等補装具費の支給に関する基準として、厚生労働省令の定めが求められるところである。

　加えて、義肢等補装具費の支給に関する決定が処分である以上、当該処分は法令に基づいて行われるべきものであり、この意味でも、義肢等補装具費の支給に関する厚生労働省令の定めが求められる。要綱は、法令の定めの下で、法令の趣旨目的に従って行政庁が設定する審査基準となるものにすぎない。

　以上述べたことから、義肢等補装具費の支給に関して必要な基準を厚生労働省令で何も定めることなく、要綱のみに準拠して処分を行う

ことは問題があることを、審査庁は認識すべきである。

　これまでも、労災保険法29条１項の社会復帰促進等事業の１つである労災就学援護費を支給しない旨の決定につき、平成15年に最高裁判所が「労働基準監督署長の行う労災就学援護費の支給又は不支給の決定は、法を根拠とする優越的地位に基づいて一方的に行う公権力の行使であり、被災労働者又はその遺族の上記権利に直接影響を及ぼす法的効果を有するものであるから、抗告訴訟の対象となる行政処分に当たるものと解するのが相当である。」（最高裁判所平成15年９月４日第一小法廷判決・集民210号385頁）と判示して、これを処分であると明言したところであるが、今日に至るまで、義肢等補装具費の支給を含む社会復帰促進等事業の実施に関する厚生労働省令を整備することなく、依然として要綱のみに従った処分が行われていることは、法システムの在り方として多くの問題を抱えているものであり、この点につき改善が望まれる。

４　まとめ

　以上によれば、本件審査請求に係る処分は十分な理由提示がされていない点において取り消されるべきであるから、本件審査請求は棄却すべきである旨の諮問に係る判断は、妥当とはいえない。

　よって、結論記載のとおり答申する。

　　行政不服審査会　第２部会
　　　　委　　　員　　戸　谷　博　子
　　　　委　　　員　　伊　藤　　　浩
　　　　委　　　員　　交　告　尚　史

第4章では特定行政書士制度や審査請求手続の流れについて説明しました。この分野から1問1答形式で作問しています。解答・解説は右のページにありますので、解答後に参照してください。

以下の問に○又は×で答えてください。

解答日・正誤	問 題
／ □ ／ □	1　特定行政書士は、特別の委任を受けなくても、審査請求人のために審査請求の取下げをすることができる。
／ □ ／ □	2　「処分庁の教示の有無及びその内容」は、処分についての審査請求書の必要的記載事項である。
／ □ ／ □	3　法律に再調査の請求をすることができる旨の定めがなくても、行政庁の処分に不服がある者は、処分庁に対して再調査の請求をすることができる。
／ □ ／ □	4　不作為についての審査請求書には、「当該不作為に係る処分についての申請の内容及び年月日」を必ず記載しなければならない。
／ □ ／ □	5　審査請求への利害関係人の参加は、必ず利害関係人本人によってしなければならない。
／ □ ／ □	6　利害関係人として審査請求に参加する者（参加人）の代理人は、特別の委任を受けなくても、審査請求への参加の取下げをすることができる。

解答・解説

1　×　特定行政書士は、代理人として、審査請求人のために、当該審査請求に関する一切の行為をすることができます（行審法12条1項、2項本文）。ただし、「**審査請求の取下げ**」は、特別の委任を受けた場合に限り、することができます（同条2項ただし書）。書式例（5）審査請求委任状を参照。

2　○　「処分庁の教示の有無及びその内容」は、処分についての審査請求書の必要的記載事項です（行審法19条2項5号）。書式例（1）処分取消の審査請求書を参照。

3　×　再調査の請求は、原則として法律に再調査の請求をすることができる旨の定めがある場合に限り行うことができます（行審法5条1項）。

4　○　「当該不作為に係る処分についての申請の内容及び年月日」は、不作為についての審査請求書の必要的記載事項です（行審法19条3項2号）。書式例（2）申請に対する不作為の審査請求書を参照。

5　×　**利害関係人**は、審理員の許可を得て当該審査請求に参加することができますが（行審法13条1項）、審査請求への参加は代理人によってすることも可能です（同条3項）。

6　×　利害関係人として審査請求に参加する者（参加人）の代理人は、当該審査請求への参加に関する一切の行為をすることができます（行審法13条4項本文）。ただし、「**審査請求への参加の取下げ**」は、特別の委任を受けた場合に限り、することができます（同項ただし書）。書式例（7）審査請求参加取下げ書を参照。

☐ ☐ 　7　審理員は、審理手続を終結したときは、速やかに、審理員意
　　　 　　 見書を作成しなければならない。

☐ ☐ 　8　審理員は、審理員意見書を作成したときは、速やかに、これ
　　　 　　 を事件記録とともに、審査庁に提出しなければならない。

☐ ☐ 　9　審査庁は、行政不服審査会等から諮問に対する答申を受けた
　　　 　　 ときは、速やかに、裁決をしなければならない。

7　×　審理員は、審理手続を終結したときは、遅滞なく、審理員意見書を作成しなければなりません（行審法42条1項）。「速やかに」ではなく、時間的即時性が弱い「遅滞なく」になっています。第6章「条文の読み方」1（5）参照。

8　○　審理員は、審理員意見書を作成したときは、速やかに、これを事件記録とともに、審査庁に提出しなければなりません（行審法42条2項）。「速やかに」は、「直ちに」よりは時間的即時性が弱く、「遅滞なく」よりは時間的即時性が強い、いわば両者の中間に位置する用語です。第6章「条文の読み方」1（5）参照。

9　×　審査庁は、行政不服審査会等から諮問に対する答申を受けたときは、遅滞なく、裁決をしなければなりません（行審法44条）。「速やかに」ではなく、時間的即時性が弱い「遅滞なく」になっています。第6章「条文の読み方」1（5）参照。

特定行政書士のコンプライアンス

1　特定行政書士のコンプライアンス

　特定行政書士は、行政不服申立て（審査請求、再調査の請求、再審査請求等）に係る手続の代理を行うことができます（行政書士法1条の3第1項2号、2項）。

　特定行政書士は法的紛争性のある法律事務を扱うことになるため、特に以下のような職業倫理、**コンプライアンス**が求められます。

（1）　対立する当事者の一方の代理人という立場に身を置く

　行政不服申立てに係る手続の代理を行うということは、対立する当事者の一方の代理人という立場に身を置くことです。行政庁の利益（行政手続の円滑な実施）と依頼者の利益が対立している場合には、依頼者の立場に身を置くことになります。そこで、以下の5つが重要になります。

　①　依頼者に対する**説明義務**

　　[令和4年度　問題29-4]　[令和4年度　問題30-ア・ウ]　[令和3年度　問題30-3・4]

　　[令和2年度　問題28-3・4]　[令和元年度　問題28-イ・エ]

　②　依頼者の意思の尊重

　　[令和4年度　問題28-イ]　[令和元年度　問題30-2]　[平成29年度　問題23-イ]

　　[平成29年度　問題28-エ]　[平成27年度　問題27-ア、問題30]

　③　**誠実義務**

　　[令和2年度　問題28-1]　[平成30年度　問題29-1]　[平成29年度　問題23-ア]

　④　**秘密保持義務**　[平成27年度　問題28]

　⑤　**利益相反**する案件について職務を行ってはならない義務

　　[令和3年度　問題30-2]　[平成30年度　問題29-2]　[平成27年度　問題27-ウ]

（2）　他の行政書士が作成した書類に関する不服申立ての代理を行うことも可能

　他の行政書士との関係に注意が必要です。

　たとえば、他の行政書士が受任している不服申立代理事件について、その行政書士に関する事実無根の悪口を言って排除し、替わって自らが代理人になろうとするような行為は、「行政書士の信用又は品位を害するような行為」（行政書士法10条）、「不正又は不当な手段で、依頼を誘致するような行為」（同法施行規則6条2項）、「他の行政書士を誹謗中傷する等、信義に反する行為」（行政書士倫理26条1項）のいずれにも該当し、許されません。

　もっとも、依頼者がセカンド・オピニオンを求めてきた場合は、それを理由なく拒否すべきではありません。また、すでに他の行政書士が受任している事件について、依頼者からの依頼があった場合には、ことさらに受任を回避する必要はありません。

　ただし、上記のようなケースで受任する際は、依頼者の意思をしっかりと確認し、記録の引継ぎ等を明確に処理してもらうことが必要になります。

（3）　手続選択の重要性

　行政不服審査法改正によって**自由選択主義**が原則となり、**手続選択**（審査請求か訴訟提起か）の重要性が増しました。

　　①　依頼者に対する説明義務

　　[令和4年度　問題30-ア]　　[令和3年度　問題30-4]　　[平成30年度　問題28]

　　[平成29年度　問題28-ア・イ]　　[平成28年度　問題28-エ]　　[平成28年度　問題30]

　　[平成27年度　問題27-イ]　　[平成27年度　問題29-3・4]

　　[平成27年度　問題30-イ・エ]

　　②　依頼者の意思の尊重

　　[平成29年度　問題30-2・3]　　[平成27年度　問題27-ア]　　[平成27年度　問題30-ア]

（4）　審査請求における主張・立証の重要性

　審査請求では**対審構造**が強化されましたが、代理人となる特定行政書士は主張・立証の機会が3回しかありません（審査請求書、反論書、行政不服審査会等に

対する主張書面）。

　そのため、審査請求におけるそれぞれの場面での主張・立証が重要になります。

　なお、特定行政書士のコンプライアンスについては、弁護士職務基本規程（平成16年制定の日弁連会則）が参考になります。

2　業際問題

（1）　業際問題の位置づけ　[令和3年度　問題29ア・イ]

> **行政書士法１条の２第２項**
> 　行政書士は、前項の書類の作成であっても、その業務を行うことが他の法律において制限されているものについては、業務を行うことができない。

　業際問題は、コンプライアンスにおける外縁であり核心でもあります。

　行政書士の職域の外縁を明確にし、行政書士としてのコンプライアンスを堅持していくためには、他士業法の業務規定の解釈にも踏み込むことが必要になってきます。

（2）　業際問題の基本的な考え方

　下のフローチャートは、業際問題の基本的な考え方の流れを示したものです。日本国憲法22条１項の**職業選択の自由**・営業の自由を起点として、最終的には最高裁判例が判断の決め手になることを理解してください。

①　日本国憲法は、職業選択の自由・営業の自由（22条１項）、**結社の自由**（21条１項）を保障しています。

▼

②　士業法は、職業選択の自由・営業の自由を制約するものです。また、強制入会制を伴えば、結社の自由（**消極的結社の自由**）をも制約することになります。

▼

③　これらの制約は、「**公共の福祉**」に反しない必要（最小）限度認められ

るにすぎません。「公共の福祉」を具現化したものが各士業法の制度目的であり、各士業法は、その制度目的実現のために制定されています。

▼

④　したがって、各士業法は士業者のギルド的利益実現の道具と考えることは許されず、また各種制限規定は制度目的を実現するための必要（最小）限度の制約と理解すべきです。

▼

⑤　特に罰則を伴う規定（たとえば弁護士法77条3号、72条）については、**罪刑法定主義**の原則から、犯罪構成要件の解釈に際し明確性、謙抑性が求められます。

▼

⑥　もっとも、行政書士法の業務独占規定について日行連や総務省が示した見解は、他士業団体から見れば一つの主張にすぎません。また当会から見れば、他士業団体及び所管官庁の見解も一つの主張にすぎないのです。

　　最終的には、最高裁判例（又は業界団体間の合意内容）が判断の決め手になります。

（3）　特に問題となる場面

業際問題で、特に問題となる場面が3つあります。

ア　弁護士法72条　【令和元年度　問題29-1・3・4】

弁護士法3条1項

　弁護士は、当事者その他関係人の依頼又は官公署の委嘱によって、訴訟事件、非訟事件及び審査請求、再調査の請求、再審査請求等行政庁に対する不服申立事件に関する行為その他一般の法律事務を行うことを職務とする。

72条

　弁護士又は弁護士法人でない者は、報酬を得る目的で訴訟事件、非訟事件及び審査請求、再調査の請求、再審査請求等行政庁に対する不服申立事件その他一般の法律事件に関して鑑定、代理、仲裁若しくは和解その他の法律事

> 務を取り扱い、又はこれらの周旋をすることを業とすることができない。ただし、この法律又は他の法律に別段の定めがある場合は、この限りでない。
>
> **77条**
>
> 　次の各号のいずれかに該当する者は、2年以下の懲役又は3百万円以下の罰金に処する。
>
> 　　三　第72条の規定に違反した者

弁護士法72条本文による制限範囲については、次の3つの見解があります。

① 　**事件性必要説**：日本行政書士会連合会、『詳解　行政書士法　第4次改訂版』
　　　　　　　　　　　（地方自治制度研究会編、ぎょうせい、2016年）、法務省、
　　　　　　　　　　　兼子仁博士

　弁護士法72条が非弁護士に関し報酬を得る目的で業とすることを原則として禁じているのは、**法律事務**のすべてではなく、厳密に、**事件性**のある案件に関する、しかも鑑定、代理、仲裁その他のこれに類する法律事務についてのみであると解すべきとする見解です。

　したがって、この説によれば、弁護士法72条によって制限されない法律事務（事件性のない法律事務）は、誰が報酬を得る目的で業としてもよいことになるはずです。誰が行ってもよいことから、行政書士が排除される理由はないということになります。

② 　**法的紛議説**：最高裁判例　　**【令和3年度　問題29-エ・オ】**　　**【令和2年度　問題30】**

　法的紛議説は、事件性必要説に親和的です。

　ビル賃借人の集団立退きの事案において、「交渉において解決しなければならない法的紛議が生ずることがほぼ不可避である案件に係るものであったことは明らか」であり、弁護士法72条にいう「その他一般の**法律事件**」に関するものであったとして、立退き交渉を受任した不動産業者の同法違反を認めました（最一決平成22年7月20日判時2093号161頁）。

③ 　**事件性不要説**：日本弁護士連合会調査室編著『条解弁護士法　第4版』（弘文
　　　　　　　　　　　堂、2007年）

　弁護士法72条と3条とは、3条が弁護士の職務の面から、72条が非弁護士が取り扱ってはいけないものという面から、それぞれ同一のことを規定して

いると考える見解です。

したがって、事件性という概念は不要であるとしています。

イ　就業規則の作成

> **社会保険労務士法２条**
>
> 　社会保険労務士は、次の各号に掲げる事務を行うことを業とする。
>
> 　　一　別表第一に掲げる労働及び社会保険に関する法令（以下「労働社会
> 　　　保険諸法令」という。）に基づいて申請書等（行政機関等に提出する申請
> 　　　書、届出書、報告書、審査請求書、異議申立書、再審査請求書その他の書類
> 　　　（その作成に代えて電磁的記録（電子的方式、磁気的方式その他人の知覚に
> 　　　よっては認識できない方式で作られる記録であって、電子計算機による情報
> 　　　処理の用に供されるものをいう。以下同じ。）を作成する場合における当該
> 　　　電磁的記録を含む。）をいう。以下同じ。）を作成すること。

　就業規則の作成については、社会保険労務士側との間で問題が顕在化した際、日行連は『月刊日本行政』（平成27年３月号、No.508）において、就業規則作成業務に関するプロジェクトチームの研究成果を公表しました。それによると、社会保険労務士法２条１項１号及び２号の文理に照らし、就業規則に関する行政書士の本来的作成権限を排除することはできないとしています。

ウ　司法書士による遺産分割協議書作成

> **司法書士法３条**
>
> 　司法書士は、この法律の定めるところにより、他人の依頼を受けて、次に
> 掲げる事務を行うことを業とする。
>
> 　　二　法務局又は地方法務局に提出し、又は提供する書類又は電磁的記録
> 　　　（電子的方式、磁気的方式その他人の知覚によっては認識することができな
> 　　　い方式で作られる記録であって、電子計算機による情報処理の用に供される
> 　　　ものをいう。第四号において同じ。）を作成すること。ただし、同号に
> 　　　掲げる事務を除く。

　司法書士が**遺産分割協議書**を作成することの是非について、熊本県行政書士会から日行連に照会があり、平成23年6月16日付日行連発第305号に日行連会長回答が示されています。それによると、「相続財産が相続登記を必要とする不動産以外の現金・預金・動産のみである場合については、遺産分割協議書が法務局提出書類として作成されることはないことから、もとより、司法書士が作成することはできない」としています。

第5章では特定行政書士のコンプライアンスについて述べてきました。コンプライアンスの分野から1問1答形式で作問しています。解答・解説は右のページにありますので、解答後に参照してください。

以下の問に○又は×で答えてください。

解答日・正誤

| 問 題 |

/　□
/　□

1　特定行政書士Aは、手続の選択について依頼者から一任を得ていたことから、その依頼者の意向を汲んで、Aが自ら手続選択の決断をした。

/　□
/　□

2　特定行政書士Aが補助者に依頼者からの聴き取りをさせた際、依頼者は「Aと直接面談して事情を説明する必要はない」旨を述べていた。その場合でも、Aは依頼者と直接面談することが望ましい。

/　□
/　□

3　特定行政書士Aは、共同申請者B、Cの許可申請書を作成・提出したが、不許可となった。そのため両名の審査請求を代理したところ、その後、両名の利害が対立した。そこで、Bの代理を辞任し、Cのみの代理人となった。

解答・解説

1　×　不服申立て手続の帰趨についての最終的な決定権は依頼者にあります。た
とえ手続選択について依頼者から一任を受けていたとしても、Ａは依頼者の
意思を最終的には尊重して、依頼者の判断を仰ぐべきです。また、適切な自
己決定の機会を依頼者に保証するために、その前提となる判断材料を提供す
ることがＡには求められます。

2　○　**補助者**は「会員が法（行政書士法）第１条の２及び第１条の３に規定する
業務及び他法令等に基づく行政書士業務を行うにあたり、当該会員の指揮命
令を受けて、当該業務に関する事務を補助する者」（行政書士補助者規則
（準則）２条）です。そして、同規則５条１項は、「会員は、補助者に業務
に関する事務を行わせる場合には、会員の責任において指揮命令及び監督を
しなければならず、業務に関し補助者任せにする等の行為をしてはならな
い。」と規定しています。

　　　本問では、補助者から聴き取りを受けた依頼者が、「Ａと直接面談して事
情を説明する必要はない」と述べていたとしても、最終的な責任を負う立場
のＡは自ら依頼者の話を聴き、意思を確認する必要があります。

3　×　複数の依頼者があり相互間に利害の対立が生じるおそれのある事件を受任
した後、現実に利害の対立が生じたときは、依頼者それぞれに対し、速やか
にその事情を告げて、辞任その他の適切な措置をとる必要があります。

　　　本問では、ＢＣ間の利害が対立し、ＡはＢの代理のみを辞任しています。
この場合、Ｂに関する秘密を保持していたＡは、秘密保持義務（行政書士法
12条）に違反するおそれがあります。したがって、ＢＣ間の利害が対立した
後は、Ａは双方の代理を辞任すべきです。

4　裁量の当不当が問題となる事案を特定行政書士Ａが受任した。「この事案は訴訟では審理の対象にならないが、審査請求では審理の対象となる」とＡは考えて、審査請求を勧める旨を依頼者に説明した。

5　証人尋問や鑑定等を行わなければ事実認定が難しい複雑な事案について、特定行政書士Ａは依頼者に対して、「事実関係を明確にするために訴訟を選ぶ途もありますが、簡易迅速で手続自体に費用がかからない審査請求をまずは行う意味はあると思います」と説明した。

6　特定行政書士Ａは依頼者に対して、不服申立てと訴訟提起それぞれのメリット・デメリットを説明した上で、簡易迅速であり必ずよい結果が出せると言って審査請求を勧めた。

7　特定行政書士Ａは依頼者Ｂから審査請求を受任した。ＡＢ間の委任契約書には反社会的勢力の排除条項が定められていたが、審理手続の終結間際になり、Ｂが反社会的勢力であることが判明した。そこでＡは、委任契約書の反社会的勢力排除条項を理由として、委任契約を解除した。

4　○　**裁量の当不当の問題**は、**裁量権の逸脱・濫用**があった場合を除き、**司法審査**の対象外です（行訴法30条）。他方、審査請求では行政庁の不当な処分も対象となります（行審法1条1項）。

　　　本問では、Aが審査請求及び訴訟のメリット・デメリットを説明した上で、審査請求を依頼者に勧めることは認められます。

5　○　訴訟、審査請求のいずれも事実認定は重要です。事実認定が難しい複雑な事案については、審査請求においても**検証**（行審法35条）や**審理関係人への質問**（行審法36条）等による事実認定を行うことができます。その意味で、審査請求をまずは行ってみる意味はあるといえます。

6　×　不服申立てと訴訟提起の両者について、それぞれのメリット・デメリットを説明して全体像を依頼者に把握してもらうことは、説明義務を尽くしており問題はありません。しかし、「必ずよい結果が出せる」と言って審査請求を勧めたことは、**断定的判断の提供**でありコンプライアンスに違反しています。

7　○　**反社会的勢力**からの依頼を受けることは、行政書士の信用を害する行為であり、行政書士法10条に違反します。手続が進んだ段階であっても同様です。

第6章

条文の読み方、法の解釈の方法

1 条文の読み方

　法律や契約書等については、解釈・適用の対象としてみる場合と、これを制定・作成する側に立つ場合とでは、条文・規定に対する見方・考え方が大きく変わってきます。

　法律や契約書等を解釈する場合は、さまざまな解釈の幅の中から、具体的な事実に即して公平妥当な解決を図ったり、多くの人々の正義にかなう解釈をすることが第一義になります。

　これに対して、契約書等を作成する場合は、条文・規定は一義的に明確かつ平易であることがまず重要です。行為の予測可能性が確保され、不意打ちを受けてトラブルに巻き込まれることのないよう、条文・規定において配慮しておくことが極めて大切になってきます。

　以下では、特定行政書士法定研修考査問題を解く際に重要になる条文の読み方について、いくつかの例を挙げて説明します。

（1）「及び」「並びに」「かつ」

　いずれも、複数の語句を併合的につなぐ接続詞ですが、法令上の用法には違いがあります。

①　AとBというような単純、並列的な併合的接続の場合には、「**及び**」が使われます。

　（例）「居住、移転**及び**職業選択の自由」（憲法22条1項）

②　併合的接続が2段階になる場合には、小さい接続には「**及び**」が、大きい接続には「**並びに**」が使われます。

　（例）「処分、行政指導**及び**届出に関する手続**並びに**命令等を定める手続」（行手法1条2項）

③　接続が３段階以上になる場合は、一番小さい接続だけに「及び」が使われ、それ以外の接続にはすべて「並びに」が使われます。

　　（例）「職員の職務に係る倫理の保持を図るため、法律の規定に基づき内閣に置かれる各機関、内閣の統轄の下に行政事務をつかさどる機関として置かれる各機関**及び**内閣の所轄の下に置かれる機関**並びに**会計検査院**並びに**各特定独立行政法人（以下「行政機関等」という。）に、それぞれ倫理監督官一人を置く。」（国家公務員倫理法39条１項）

④　「**かつ**」は、「及び」「並びに」よりも大きい意味の接続に使われる場合のほか、形容詞句を強く結びつけて一体不可分の意味を表す場合や、行為が同時に行われて要件をともに満たさなければならないことを示すときにも用いられます。

　　（例）「義務付けの訴えが第１項から第３項までに規定する要件に該当する場合において、同項各号に定める訴えに係る請求に理由があると認められ、**かつ**、その義務付けの訴えに係る処分又は裁決につき、行政庁がその処分若しくは裁決をすべきであることがその処分若しくは裁決の根拠となる法令の規定から明らかであると認められ又は行政庁がその処分若しくは裁決をしないことがその裁量権の範囲を超え若しくはその濫用となると認められるときは、裁判所は、その義務付けの訴えに係る処分又は裁決をすべき旨を命ずる判決をする。」（行訴法37条の３第５項）

　　　　「簡易迅速**かつ**公正な手続」（行審法１条１項）

　　　　「前条第１項の決定は、文書をもって行い、**かつ**、理由を付して、委員長及び決定に関与した委員がこれに署名押印をしなければならない。」（無差別大量殺人行為を行った団体の規制に関する法律23条）

（２）「又は」「若しくは」

いずれも、複数の語句を選択的に結び付ける語句です。

①　選択的に段階なく並列された語句を接続する場合は、「**又は**」が使われます。語句が２個のときは「又は」で結びますが、３個以上のときは最後の２個の語句を「又は」で結び、その他の接続には読点を用います。

（例）　「検察官、被告人**又は**弁護人」（刑事訴訟法50条１項）

　　　　「自動車は、本線車道においては、横断し、転回し、**又は**後退してはならない。」（道路交通法75条の５）

②　選択される語句に段階がある場合は、段階がいくつあっても、一番大きな選択的連結に１回だけ「又は」を使い、その他の小さな選択には「**若しくは**」が重複して用いられます。

（例）　「国会の両院**若しくは**一院**若しくは**議会の議決を経て、**又は**これらの同意**若しくは**承認を得た上でされるべきものとされている処分」

（行手法３条１項３号）

（３）　「その他」「その他の」

①　「**その他**」は、「その他」の前後になる言葉が並列の関係にある場合に用いられます。

（例）　「行政庁の違法又は不当な処分**その他**公権力の行使に当たる行為」

（行審法１条１項）

②　「**その他の**」は、「その他の」の前にある言葉が「その他の」の後にある言葉の例示としての役割を果たす場合に用いられます。

（例）　「立法**その他の**国政の上で、最大の尊重を必要とする。」（憲法13条）

（４）　「場合」「とき」「時」

①　「場合」と「とき」はいずれも仮定的条件を表す用語であり、意味の違いはありません。しかし、大小２つの仮定的条件を重ねて示すためには、最初の大きな条件を「**場合**」で示し、次の小さな条件を「**とき**」で表します。

（例）　「行政指導が口頭でされた**場合**において、その相手方から前２項に規定する事項を記載した書面の交付を求められた**とき**は」（行手法35条３項）

②　「**時**」は、時点又は時間を示すために用いられます。

（例）　「裁判所に引致した**時**から24時間以内に」（刑事訴訟法59条）

（5）「遅滞なく」「直ちに」「速やかに」

　いずれも、「すぐに」という時間的即時性を表す用語ですが、ニュアンスの違いがあります。

　①　「**遅滞なく**」は、時間的即時性が弱い場合が多く、正当な、あるいは合理的な理由による遅滞は許されるものと解されています。

　　（例）「子が成年に達したときは、親権を行った者は、**遅滞なく**その管理の計算をしなければならない。」（民法828条）

　②　「**直ちに**」は、最も時間的即時性が強く、一切の遅滞が許されません。

　　（例）「被告人を勾留したときは、**直ちに**弁護人にその旨を通知しなければならない。」（刑事訴訟法79条）

　③　「**速やかに**」は、「直ちに」よりは時間的即時性が弱く、「遅滞なく」よりは時間的即時性が強い、いわば両者の中間に位置する用語です。

　　（例）「勾引状を執行するには、これを被告人に示した上、できる限り**速やかに**且つ直接、指定された裁判所その他の場所に引致しなければならない。」（刑事訴訟法73条１項）

（6）「推定する」「みなす」

　①　「**推定する**」は、当事者間に別段の取り決めがない場合、又は反証が挙がらない場合に、ある事柄について法令が一応こうであろうという判断を下すことをいいます。

　　（例）「数人の者が死亡した場合において、そのうちの一人が他の者の死亡後になお生存していたことが明らかでないときは、これらの者は、同時に死亡したものと**推定する**。」（民法32条の２）

　②　「**みなす**」は、本来性質が違うものを法令上一定の法律関係につき同一のものとして認定してしまうことをいいます。当事者間の取決めや反証を許さず、一定の法律関係に関する限りは絶対的に同一のものとして扱う点で「推定する」と異なります。

　　（例）「住所が知れない場合には、居所を住所と**みなす**。」（民法23条１項）

（7）「係る」「関する」

いずれも、ある事項に「関係がある」「つながりがある」ことを意味する用語ですが、「**係る**」は「**関する**」よりも関係・つながりが直接的である場合に用いられます。

> （例）「行政書士が作成した官公署に提出する書類に**係る**許認可等に**関する**
> 審査請求」（行政書士法１条の３第１項２号）

（8）　乃至

～から…まで、の意味。

> （例）「１**乃至**３」は、「１又は３」ではなく「１、２及び３」

2　法の解釈の方法

　法の解釈においては、以下に述べるような種々の技術が用いられます。異なる解釈技術を用いれば、正反対の結果が生じることがありえますが、その場合にどの技術によるべきかを技術自体の中から決めることは困難です。それを決めるのは、その法規の適用される社会的事実をどう処理すべきかという実質的判断であり、それを法規から理由付けるのにふさわしい解釈方法がとられることになります。

（1）　文理解釈

　辞書ないし法学辞典の与える意味に忠実に従う解釈です。

　法律の制定直後には、その意味を明らかにする必要があり、また法規と現実とのくい違いが少ないため、文理解釈が広く行われます。

> （例）民法717条の「土地の工作物」について、「土地に接着した工作物」、
> すなわち「人の作業によって作られた物で土地に接着するもの」を指す
> とする。

（2）　勿論解釈

　ある条文の規定の立法趣旨等から考えて、明文の規定はなくても、それと同

趣旨の規定があると解釈することが当然の場合の解釈をいいます。

　（例）大きなものさえ許されているのだから、もっと小さいものはもちろん
　　　許されている。

（３）　拡張解釈（拡大解釈）と縮小解釈

①　**拡張解釈（拡大解釈）**

　言葉の意味を拡大する解釈です。

　（例）民法717条の「土地の工作物」について、土地に直接に接着したも
　　　のだけでなく、土地に接する建物の中に備え付けた機械も含まれると
　　　する。

②　**縮小解釈**

　言葉の意味を縮小する解釈です。

　（例）民法177条の「第三者」について、「登記の欠缺を主張する正当な
　　　利益を有する者」に限るとする（大連判明治41年12月15日民録14輯1276
　　　頁）。

（４）　類推解釈と反対解釈

①　**類推解釈**

　言葉の本来の意味に含まれないものにも、類似性を理由として適用を及ぼ
す解釈です。

　刑罰法規においては、罪刑法定主義の原則から類推解釈は許されません。

　（例）航空機が墜落して地上の第三者に損害を与えた場合、航空機を「土
　　　地の工作物」として民法717条を適用することは、文字のうえからは
　　　無理である。しかし、「土地の工作物」を危険物の代表的なものとみ
　　　て同条が制定されたとしたら、今日では航空機は新たな危険物である
　　　から、同条を類推適用することは可能である。

②　**反対解釈**

　言葉の本来の意味に含まれないものには適用を否定する解釈です。

　（例）航空機は「土地の工作物」ではないから、民法717条は適用され
　　　ない。

第6章では条文の読み方と法の解釈の方法について解説しました。第6章の内容から1問1答形式で作問しています。解答・解説は右のページにありますので、解答後に参照してください。

以下の問に○又は×で答えてください。

解答日・正誤		問　題
／	□	1　併合的接続が2段階になる場合には、小さい接続には「並び
／	□	に」が、大きい接続には「及び」が使われる。

／	□	2　「又は」と「若しくは」が同じ一文の中で使われる場合、一
／	□	番大きな選択的連結に1回だけ「又は」を使い、その他の小さ
		な選択には「若しくは」が重複して使われる。

解答・解説

1　×　小さい接続には「及び」が、大きい接続には「並びに」が使われます。た
とえば、執行停止についての行政事件訴訟法25条3項は、「裁判所は、前項
に規定する重大な損害を生ずるか否かを判断するに当たっては、損害の回復
の困難の程度を考慮するものとし、損害の性質及び程度並びに処分の内容及
び性質をも勘案するものとする。」と規定しています。

　　　ここでは、「損害の性質及び程度」と「処分の内容及び性質」が「並び
に」によって接続されています。

2　○　たとえば、行政不服審査法15条4項は、「第1項又は第2項の場合におい
て、前項の規定による届出がされるまでの間において、死亡者又は合併前の
法人その他の社団若しくは財団若しくは分割をした法人に宛ててされた通知
が審査請求人の地位を承継した相続人その他の者又は合併後の法人その他の
社団若しくは財団若しくは分割により審査請求人の地位を承継した法人に到
達したときは、当該通知は、これらの者に対する通知としての効力を有す
る。」と規定しています。「死亡者又は合併前の法人その他の社団若しくは
財団若しくは分割をした法人」の部分では、「死亡者」と「合併前の法人そ
の他の社団若しくは財団若しくは分割をした法人」が一番大きな選択的連結
であり、小さな選択である「合併前の法人その他の社団」「財団」「分割を
した法人」が「若しくは」で重複して連結されています。また、「審査請求
人の地位を承継した相続人その他の者又は合併後の法人その他の社団若しく
は財団若しくは分割により審査請求人の地位を承継した法人」の部分では、
「審査請求人の地位を承継した相続人その他の者」と「合併後の法人その他
の社団若しくは財団若しくは分割により審査請求人の地位を承継した法人」
が一番大きな選択的連結であり、小さな選択である「合併後の法人その他の
社団」「財団」「分割により審査請求人の地位を承継した法人」が「若しく
は」で重複して連結されています。

／　□
／　□

3　「行政庁の違法又は不当な処分その他公権力の行使に当たる行為」（行審法１条１項）という場合、「行政庁の違法又は不当な処分」は「公権力の行使に当たる行為」の例示としての役割を果たしている。

／　□
／　□

4　「場合」と「とき」は、大小２つの仮定的条件を重ねて示す際には、最初の大きな条件を「とき」で示し、次の小さな条件を「場合」で表す。

／　□
／　□

5　「速やかに」「直ちに」「遅滞なく」の３つの用語は、この順番で時間的即時性の強さを表している。

／　□
／　□

6　「みなす」は、当事者間の取決めや反証を許さず、一定の法律関係に関する限りは絶対的に同一のものとして扱う用語であり、その点で「推定する」と異なる。

／　□
／　□

7　「係る」と「関する」は、前者は後者よりも関係・つながりが直接的である場合に用いられる。

／　□
／　□

8　「１乃至５」は、「１又は５」と同義である。

3　×　「行政庁の違法又は不当な処分」は、「公権力の行使に当たる行為」と並列の関係にあります。

4　×　最初の大きな条件を「場合」で示し、次の小さな条件を「とき」で表します。たとえば、行政不服審査法83条3項は、「第1項の規定により不服申立書の提出があった場合において、当該処分が処分庁以外の行政庁に対し審査請求をすることができる処分であるときは、処分庁は、速やかに、当該不服申立書を当該行政庁に送付しなければならない。」と規定しています。

5　×　時間的即時性が最も強いのは「直ちに」、2番目が「速やかに」、最も弱いのが「遅滞なく」です。

6　○　「推定する」の場合は反証によって覆ることがありますが、「みなす」は反証を許しません。たとえば、行政不服審査法15条5項は、「第1項の場合において、審査請求人の地位を承継した相続人その他の者が2人以上あるときは、その1人に対する通知その他の行為は、全員に対してされたものとみなす。」と規定しています。

7　○　「係る」は「関する」よりも関係・つながりが直接的である場合に用いられます。たとえば、行政手続法9条は、1項で「当該申請に係る審査の進行状況」、2項で「申請書の記載及び添付書類に関する事項」と規定しています。

8　×　「1乃至5」は、「1、2、3、4及び5」の意味です。

■ 総合模擬問題演習 ■

　ここまで特定行政書士法定研修考査の解説をしてきました。最後に、本番と同じ四肢択一式の模擬問題を解いてみましょう。出題分野は次のとおりです。

◎ 特定行政書士法定研修　考査問題（本試験）の表紙（サンプル）

令和元年度

特定行政書士法定研修

考査問題

※開始の合図があるまで開かないでください。

（注意事項）

1　問題は１ページから19ページまで30問あり、時間は２時間です。

2　解答は、別紙の解答用紙に記入してください。

3　解答用紙への記入及びマークは、次のようにしてください。

（１）　氏名・登録番号・考査座席番号・受験番号を必ず記入してください。

（２）　択一式問題は、１から４までの答えのうち正答と思われるものを一つ選び、該当番号の箇所をマークしてください。二つ以上解答したもの、判読が困難なものは誤りとなります。

問題1　以下に掲げた行政手続法1条1項の条文の空欄AからCに入る語の組み合わせのうち、正しいものはどれか。

　この法律は、処分、（　A　）及び届出に関する手続並びに命令等を定める手続に関し、共通する事項を定めることによって、行政運営における（　B　）の確保と透明性（行政上の意思決定について、その内容及び過程が国民にとって明らかであることをいう。第46条において同じ。）の向上を図り、もって（　C　）に資することを目的とする。

	A	B	C
1	申請	円滑な実施	国民の利便
2	行政指導	公正	国民の権利利益の保護
3	申請	公正	国民の利便
4	行政指導	円滑な実施	国民の権利利益の保護

問題2　処分及び行政指導の適用除外に関する次の記述のうち、誤っているものはどれか。

1　会計検査の際にされる行政指導については、行政手続法の行政指導の規定は適用されない。
2　刑事事件に関する法令に基づいて検察官がする行政指導については、行政手続法の行政指導の規定は適用されない。
3　行政手続法第2章の「申請に対する処分」の規定は、外国人の出入国又は帰化に関する処分については適用されないが、難民の認定に関する処分については適用される。
4　国の機関に対する処分については、当該機関がその固有の資格において当該処分の名あて人となるものに限り、行政手続法の規定は適用されない。

問題3 行政手続法における審査基準及び処分基準に関する次の記述のうち、誤っているものはどれか。

1　法令が具体的かつ明確に許認可等の要件を定めている場合には、行政庁は審査基準を設定しないことも許容される。
2　行政庁は、行政上特別の支障がある場合を除き、審査基準を公にしておかなければならない。
3　行政庁は、処分基準を定め、かつ、これを公にしておかなければならない。
4　行政庁の処分における裁量権は、特段の事情がない限り、処分基準に従って行使されることが覊束されている。

問題4 標準処理期間に関する次の記述のうち、正しいものはどれか。

1　標準処理期間は、処理の目安となる通常要すべき期間であるから、事案が著しく複雑であるなど特別の事情がある場合には、この期間を徒過しても違法とはいえない。
2　行政庁は、標準処理期間を定めることが義務付けられており、これを定めたときは、公にしておかなければならない。
3　標準処理期間は、審査に要する標準的な期間に過ぎず、法律を根拠とする処分については、当該法律を所管する国の行政機関が一律に設定しなければならない。
4　標準処理期間を徒過してなされた処分については、特段の事情がない場合には、期間の徒過を理由として取り消されることがある。

問題5 申請に対する審査と応答に関する次の記述のうち、誤っているものはどれか。

1　行政庁は、申請がその事務所に到達したときは、遅滞なく当該申請の審査を開始しなければならず、行政機関が申請書を返戻したとしても審

査開始義務を免れることはない。

2 申請書に不備があるときは、行政機関は申請者に対して当該申請の補正を求めなければならず、直ちに当該申請により求められた許認可等を拒否することは許されない。

3 行政機関が申請者に対して、申請の取下げや内容の変更を依頼することは、必ずしも認められないわけではない。

4 申請は、申請書が行政庁に受理されたときに、正式になされたものとみなされるわけではない。

問題6 行政手続法における不利益処分に関する次の記述のうち、正しいものはどれか。

1 事実上の行為であっても、申請者にとって不利益な内容を含むため、不利益処分に該当する。

2 行政庁が特定の者に直接に義務を課す処分は、当該名あて人の同意があっても、不利益処分に該当する。

3 聴聞においては、当事者等には関係書類の閲覧権が認められているが、弁明の機会の付与においては、文書等の閲覧権は認められていない。

4 弁明の機会の付与は、原則として弁明書を提出して行われるが、相手方が口頭ですることを求めたときは、口頭で意見を述べる機会を与えなければならない。

問題7 行政手続法における行政指導に関する次の記述のうち、誤っているものはどれか。

1 法令に違反する事実がある場合において、その是正のための行政指導がなされていないと考えるときは、何人も行政指導を求めることができるが、その行政指導は法律に根拠を有するものでなければならない。

2 行政機関は、複数の者に対して同一の行政指導をしようとするときは、行政指導指針を定め、行政上特別の支障がない限り、これを公表しなけ

ればならない。

3 行政指導に携わる者は、申請の取下げ又は内容の変更を求める行政指導をしてはならない。

4 法令に違反する事実がある場合において、一定の行政指導をすることを求められた行政機関は、諾否の応答義務を負うものではない。

問題8 行政手続法における意見公募手続に関する次の記述のうち、正しいものはどれか。

1 意見公募手続においては、意見を提出できるのは日本国民に限られる。

2 意見公募手続の対象となる「命令等」には、政省令や審査基準、処分基準は含まれているが、行政指導指針は含まれていない。

3 命令等制定機関は、命令等の案及び関連資料を公示した上で、意見の提出先を定めて意見を公募しなければならず、意見の提出期間は公示の日から起算して2週間以上でなければならない。

4 命令等制定機関は、意見公募手続で提出された意見を十分に考慮しなければならず、命令等の公布と同時期に、提出意見の考慮結果とその理由を公示しなければならないが、その結果を意見提出者に通知しなくてもよい。

問題9 以下に掲げた行政不服審査法1条1項の条文の空欄AからCに入る語の組み合わせのうち、正しいものはどれか。

　この法律は、行政庁の（　A　）な処分その他（　B　）に当たる行為に関し、国民が簡易迅速かつ公正な手続の下で広く行政庁に対する不服申立てをすることができるための制度を定めることにより、（　C　）を図るとともに、行政の適正な運営を確保することを目的とする。

	A	B	C
1	違法又は不当	公権力の行使	国民の権利利益の保護
2	違法又は無効	公権力	国民の権利利益の救済
3	違法又は不当	公権力の行使	国民の権利利益の救済
4	違法又は無効	公権力	国民の権利利益の保護

問題10 行政不服審査法に基づく不服申立ての対象に関する次の記述のうち、正しいものはどれか。

1 行政不服審査法の適用が除外される処分は、個別の法律で規定されてはいない。

2 不服申立ての対象となる「処分」には、人の収容や物の留置など継続的性質を有する事実行為も含まれる。

3 行政不服審査法には、不服申立ての対象となる処分が列挙されており、それ以外の処分に対して不服申立てを行うことは認められない。

4 行政庁の不作為に対しては、審査請求をすることはできない。

問題11 行政不服審査法7条による審査請求の適用除外に関する次の記述のうち、誤っているものはどれか。

1 国会の両院若しくは一院若しくは議会の議決を経て、又はこれらの同意若しくは承認を得た上でされるべきものとされている処分については、同法2条に基づく審査請求を行うことはできない。

2 裁判所若しくは裁判官の裁判により、又は裁判の執行としてされる処分については、同法2条に基づく審査請求を行うことはできない。

3 検察官会議で決すべきものとされている処分については、同法2条に基づく審査請求を行うことはできない。

4 出入国管理及び難民認定法に基づく難民認定に係る処分については、同法2条に基づく審査請求を行うことはできない。

問題12　行政不服審査法に基づく不服申立てに関する次の記述のうち、誤っているものはどれか。

1　行政庁の処分につき再調査の請求をした日の翌日から起算して３月を経過しても、処分庁が当該再調査の請求につき決定をしない場合は、当該再調査の請求についての決定を待たずに、審査請求をすることができる。

2　再審査請求は、原裁決又は当該処分を対象として行うことができる。

3　行政庁の処分につき法律に再審査請求をすることができる旨の定めがある場合にのみ、審査請求の裁決に不服がある者は再審査請求をすることができる。

4　再調査の請求をした場合には、当該再調査の請求についての決定を待たずに、いつでも審査請求手続に移行することができる。

問題13　審査請求をすべき行政庁に関する次の記述のうち、正しいものはどれか。

1　ある省の主任の大臣が行った処分については、原則として、内閣総理大臣に対して審査請求を行う。

2　処分庁の上級行政庁が宮内庁長官である場合には、宮内庁長官に対して審査請求を行う。

3　ある省の外局である庁の長を上級行政庁とする行政庁が行った処分については、原則として当該省の主任の大臣に対して審査請求を行う。

4　ある省の地方支分部局の支局の長が行った処分については、原則として、当該支分部局の長に対して審査請求を行う。

問題14　行政不服審査法における審査請求等の教示に関する次の記述のうち、誤っているものはどれか。

1　行政庁は、審査請求をすることができる処分であるかどうかにつき、利害関係人から教示を求められた場合、書面による教示を求められたの

でなければ、書面で教示しなくてもよい。

2　行政庁は、審査請求又は再調査の請求をする場合のほか、他の法令に基づく不服申立てをすることができる処分をする場合にも、当該処分につき不服申立てをすることができる旨を相手方に教示しなければならない。

3　行政庁は、審査請求等のほかに行政事件訴訟を提起することができる処分については、訴訟の出訴期間も教示しなければならない。

4　行政庁は、審査請求をすることができる処分を書面でする場合には、処分の相手方に対し、当該処分につき審査請求をすることができる旨並びに審査請求をすべき行政庁及び審査請求をすることができる期間を教示しなければならない。

問題15　行政不服審査法が規定する期間に関する次の記述のうち、正しいものはどれか。

1　処分についての再調査の請求をした場合、審査請求は、当該再調査の請求についての決定があったことを知った日の翌日から起算して３月を経過したときは、正当な理由がある場合を除き、することができない。

2　再調査の請求は、処分があったことを知った日の翌日から起算して３月を経過したときは、正当な理由がある場合を除き、することができない。

3　再審査請求は、原裁決があったことを知った日の翌日から起算して３月を経過したときは、正当な理由がある場合を除き、することができない。

4　審査庁は、行政不服審査会等から諮問に対する答申を受けたときは、速やかに、裁決をしなければならない。

問題16　行政不服審査法における執行停止に関する次の記述のうち、誤っているものはどれか。

1 処分庁の上級行政庁は、必要があると認める場合には、職権により、執行停止の措置をとることができる。

2 執行停止が認められた場合でも、事情が変更したときは、審査庁は、執行停止を取り消さなければならない。

3 処分庁の上級行政庁又は処分庁のいずれでもない審査庁は、必要があると認める場合には、審査請求人の申立てにより、処分庁の意見を聴取した上で、執行停止をすることができる。

4 審理員から執行停止をすべき旨の意見書が提出されたときは、審査庁は、速やかに、執行停止をするかどうかを決定しなければならない。

問題17 行政不服審査法における裁決に関する次の記述のうち、誤っているものはどれか。

1 処分についての審査請求が不適法である場合には、審査庁は、裁決で、当該審査請求を却下する。

2 処分についての審査請求が理由がない場合には、審査庁は、裁決で、当該審査請求を棄却する。

3 審査庁は、公益上の必要があるときは、裁決で、審査請求人の不利益に当該処分を変更することができる。

4 裁決は、関係行政庁を拘束するため、関係行政庁は、裁決で示された判断内容を実現する法的義務を負う。

問題18 原告適格に関する次の記述のうち、誤っているものはどれか。

1 処分の取消訴訟を提起することができるのは、当該処分の取消しを求めるにつき法律上の利益を有する者に限られる。

2 処分の取消訴訟は、当該処分の効果消滅後においても処分の取消しによって回復すべき法律上の利益を有する者も、提起することができる。

3 不作為の違法確認訴訟は、処分又は裁決についての申請をした者以外であっても提起することができる。

4 　無効等確認訴訟は、当該処分の無効確認を求めるにつき法律上の利益を有する者で、当該処分の効力の有無を前提とする現在の法律関係に関する訴えによって目的を達することができない者であれば、提起することができる。

問題19　被告適格に関する次の記述のうち、誤っているものはどれか。

1 　行政庁相互間において権限の委任がなされた場合には、委任を受けた行政庁の所属する国又は公共団体を被告として処分の取消訴訟を提起しなければならない。
2 　裁決の取消訴訟は、当該裁決をした行政庁の所属する国又は公共団体を被告として提起しなければならない。
3 　処分をした行政庁が国又は公共団体に所属しない場合には、当該行政庁を被告として取消訴訟を提起しなければならない。
4 　処分の取消訴訟が国を被告として提起された場合には、被告は、速やかに、当該処分をした行政庁を裁判所に対して明らかにしなければならない。

問題20　執行停止に関する次の記述のうち、正しいものはどれか。

1 　裁判所は、あらかじめ当事者の意見をきけば、口頭弁論を経ないで行政事件訴訟法上の執行停止の決定をすることができる。
2 　処分の効力の停止は、処分の執行又は手続の続行の停止によって目的を達することができる場合であっても、することができる。
3 　裁判所は、処分により生ずる重大な損害を避けるため緊急の必要があるときには、職権で処分の執行停止を行うことができる。
4 　処分の執行停止の申立てに内閣総理大臣が異議を述べた場合であっても、裁判所は、その異議に理由がないと認めるときは、当該処分の執行停止をすることができる。

問題21 仮の救済に関する次の記述のうち、誤っているものはどれか。

1 仮の義務付け又は仮の差止めは、義務付け訴訟又は差止訴訟を提起しなければ申し立てることができない。

2 仮の義務付け又は仮の差止めは、公共の福祉に重大な影響を及ぼすおそれがあるときは、することができない。

3 仮の義務付けは、義務付けの訴えに係る処分がされないことにより生ずる重大な損害を避けるため緊急の必要があり、かつ、本案について理由があるとみえるときは、裁判所が命ずることができる。

4 仮の義務付け又は仮の差止めは、内閣総理大臣の異議の制度が準用される。

問題22 自白に関する次の記述のうち、正しいものはどれか。

1 裁判上の自白が成立した事実についても、民事訴訟においては当事者が証明することが必要である。

2 裁判上の自白をした当事者は、裁判上の自白が成立した事実と矛盾する別の事実を主張することは制限されない。

3 訴訟物たる権利関係の前提となる権利・法律関係についての自白を権利自白というが、権利自白に拘束力を認めることは否定されている。

4 裁判上の自白は、真実に反し又は錯誤があった場合には撤回することができる。

問題23 民事訴訟における証拠に関する次のアからエまでの記述のうち、誤っているものの組み合わせは、次の1から4までのうちどれか。

ア 原告Aと被告Bが時計を5万円で売買する内容の売買契約書は、時計の売買契約が成立したことの直接証拠である。

イ 原告Aと被告Bの売買契約の締結について、証人Cが「AがBと売買の合意をしたことをAから聞きました。」と証言した場合、Cの証

言は伝聞証拠であるから、証拠として採用することはできない。

ウ　裁判所は、判決をするに当たり、口頭弁論の全趣旨及び証拠調べの結果をしん酌して、自由な心証により、事実についての主張を真実と認めるべきか否かを判断する。

エ　間接事実や補助事実を証明するための証拠は、証拠として採用することはできない。

　　1　ア・イ
　　2　イ・エ
　　3　イ・ウ
　　4　ウ・エ

問題24　二段の推定に関する次の記述のうち、正しいものはどれか。

1　私文書は、本人又はその代理人の署名及び押印があるときは、真正に成立したものと推定される。

2　私文書中の印影が作成名義人の印章によっていることから当該名義人の意思により印影が顕出されたと事実上推定するためには、名義人の印章が印鑑登録された実印である必要がある。

3　私文書中の印影を顕出した印章が家族と共用している印章の場合、当該名義人の意思により印影が顕出されたと事実上推定することはできない。

4　文書上に本人の筆跡による署名があるが、脅されて危害を加えられるおそれがあったため、やむなく署名した場合は、本人の意思に基づき成立したと推定されることはない。

問題25　XはYに対して、土地の売買代金の支払いを求める訴訟を提起し、Yがこれに応訴した。Xの言い分は以下のとおりである。Xの言い分中、下線を引いた①〜⑧までのうち、Xが請求原因として主張しなければならない要件事実の組合せとして最も適切なものはどれか。

【Ｘの言い分】

「①私は、平成30年５月１日に、②私が所有していた③甲土地を、④今後私自身で使用する予定がないので、土地の取得を希望していたＹに⑤売り、⑥その日に甲土地を引き渡しました。⑦代金は2000万円、⑧支払期日は同年６月30日という約束でした。

ところが、Ｙは、代金の折り合いがつかなかったと言って、代金を支払ってくれません。そこで、代金2000万円の支払いを求めたいと思います。」

1　③⑤⑥⑦
2　①③⑤⑦
3　②③⑤⑥
4　③④⑤⑦

（参照条文）

民法555条　売買は、当事者の一方がある財産権を相手方に移転することを約し、相手方がこれに対してその代金を支払うことを約することによって、その効力を生ずる。

問題26　ＸはＹに対して、貸金100万円の返還を求める訴訟を提起し、Ｙがこれに応訴した。Ｘの言い分は以下のとおりである。Ｘの言い分中、下線を引いた①〜⑧までのうち、Ｘが請求原因として主張しなければならない要件事実の組合せとして最も適切なものはどれか。

【Ｘの言い分】

「①私は、平成30年２月１日に、②Ｙに対し、③利息年１割、④返還時期を同年９月１日と定めて、⑤Ｙの事業の運転資金として、⑥100万円を貸し付けました。⑦Ｙは娘の夫であり、事業の経営に困っていることを聞いています。⑧平成30年９月１日は到来しました。

ところが、Ｙは、弁済期を過ぎても貸金を返済してくれないので、貸金

元本100万円の支払いだけを求めます。」

1　①②④⑥⑧
2　①②③⑤⑦
3　②③④⑤⑥
4　③④⑤⑥⑦

（参照条文）
　民法587条　　消費貸借は、当事者の一方が種類、品質及び数量の同じ
　　　　　　　　物をもって返還をすることを約して相手方から金銭その他の
　　　　　　　　物を受け取ることによって、その効力を生ずる。
　民法589条①　貸主は、特約がなければ、借主に対して利息を請求する
　　　　　　　　ことができない。
　民法591条①　当事者が返還の時期を定めなかったときは、貸主は、相
　　　　　　　　当の期間を定めて返還の催告をすることができる。

問題27　原告Ａの請求に対する被告Ｂの反論に関する次の１から４までの記述
　　のうち、抗弁となるものはどれか。

1　原告Ａが、「Ｂから平成30年８月１日、甲土地を買い受けた。」と主
　　張し、被告Ｂに対して、甲土地の引渡しを請求している場合において、
　　被告Ｂの「Ａが提出している売買契約書は、Ａが変造したものであ
　　る。」旨の反論
2　原告Ａが、「平成30年８月１日、金50万円をＢに貸し渡した。」と主
　　張し、被告Ｂに対して50万円の支払いを請求している場合において、被
　　告Ｂの「50万円はＡが私に対し贈与したものである。」旨の反論
3　原告Ａが、「平成30年８月１日、金50万円をＢに貸し渡した。」と主
　　張し、被告Ｂに対して50万円の支払いを請求している場合において、被
　　告Ｂの「私は、平成29年７月14日にＡに中古車を50万円で売り渡してお
　　り、Ａから50万円を借りた５日後に、売買代金と対等額で相殺すること

を伝えた。」旨の反論

4 原告Aが、「平成30年8月1日、金50万円をBに貸し渡した。」と主張し、被告Bに対して50万円の支払いを請求している場合において、被告Bの「私は、平成30年8月1日には入院しており、Aから現金50万円は受け取っていない。」旨の反論

問題28 取消訴訟に関する次の1から4までの記述のうち、正しいものはどれか。

1 取消訴訟において、当該処分が違法であることの主張・立証責任はすべて原告側にある。

2 取消訴訟の被告は、原告が問題とする行政処分の違法要件のうち主要かつ重要な違法事由以外についても立証責任を負う。

3 原処分の審査請求に対して棄却裁決がなされた場合、原処分の違法性を争い、裁決取消の訴えを提起することができる。

4 取消訴訟を形成訴訟とすると、訴訟物は、問題とされている行政処分の違法一般であると解されている。

問題29 行政書士又は特定行政書士の業務範囲に関する次の記述のうち、正しいものはどれか。

1 「権利義務又は事実証明に関する書類」と一応いえるものであっても、その作成が紛争性のある一般の法律事務に当たる場合には、行政書士はこれを作成することはできない。

2 行政書士は、官公署に提出する書類を作成することができる。訴訟手続における準備書面についても、官公署である裁判所に提出する書類であって、権利義務に関する書類であることから、特定行政書士であれば、報酬を得る目的で業として作成することができる。

3 審査請求、再審査請求、再調査の請求のいずれであっても、特定行政書士は、特段の制限なく手続を代理することができる。

4 「権利義務又は事実証明に関する書類」には、実地調査に基づく図面類は含まれない。

問題30 秘密の保持に関し、行政書士Aに責任が生じる可能性が最も低いものはどれか。

1 行政書士Aが受任した案件が社会の注目を集め、Aは取材依頼を多数受けるようになった。Aはすべて取材を断っていたが、Aの補助者Bが同窓会で週刊誌記者Cと再会した。Cから執拗に取材を受けたBは、当該案件の詳細をCに話してしまい、それが週刊誌に記事として掲載されてしまった。

2 行政書士Aは、受任した案件の処理をめぐって顧客Bとトラブルになった。Bから損害賠償請求の訴えを提起されたAは、自らの権利を防御するため、職務上知り得たBの個人情報を必要な範囲で開示した。

3 行政書士Aは、5年以上前に処理が終了している案件のファイルについて、事務所が手狭になったことから、家庭用ゴミ袋に入れてゴミステーションに出した。

4 行政書士Aは、受任した案件の内容を、公開範囲を限定した上でフェイスブックにアップした。

総合模擬問題演習　解答用紙

問 1	
問 2	
問 3	
問 4	
問 5	
問 6	
問 7	
問 8	
問 9	
問10	
問11	
問12	
問13	
問14	
問15	
問16	
問17	
問18	
問19	
問20	
問21	
問22	
問23	
問24	

問25	
問26	
問27	
問28	
問29	
問30	

総合模擬問題演習　解答・解説

問題１：２

　条文の穴埋め問題は、［平成29年度 問題９］［平成30年度 問題２］［令和３年度 問題１］で出題されています。

　［平成29年度 問題９］は、行政不服審査法１条１項でした。法律の目的が明記された１条は重要ですので、行政手続法、行政書士法の各１条についても、キーワードを穴埋めできるように準備しておいてください。

問題２：３

　処分及び行政指導の適用除外（行手法３条、４条）のうち、特に行政手続法３条３項は過去６回出題されている重要条文です。適用除外については、行政不服審査法７条にも規定がありますので、行政手続法と比較して準備しておきましょう。

　　１　行政手続法３条１項４号

　　２　行政手続法３条１項５号

　　３　行政手続法３条１項10号。難民の認定に関する処分も適用除外です。
　　　行政不服審査法７条１項10号では、「外国人の出入国又は帰化に関する
　　　処分」は適用除外ですが、難民の認定に関する処分は適用除外ではあり
　　　ません。

　　４　行政手続法４条１項。[平成30年度 問題４-４]でも同条項から出題さ
　　　れています。

問題３：３

　行政手続法における審査基準、処分基準については、まとめて整理しておきましょう。

　５条（審査基準）は７回出題されています。12条（処分基準）も頻出です。

　　１　行政手続法５条１項。仙台高判平成20・５・28判タ1283号74頁は、同
　　　条項は各種許認可等の申請のすべてについて審査基準を定めることを求

めているものではなく、合理的理由ないし正当な根拠を是認すべき事情が存在する場合には、行政庁は審査基準を設定しないことも許容される旨、判示しています。[平成27年度 問題2-1][平成29年度 問題2-4]に類題があります。

2　行政手続法5条3項。

3　行政手続法12条1項。処分基準は、「公にしておくよう努めなければならない」と規定されており、努力義務です。一方、同法5条の審査基準は法的義務（「公にしておかなければならない」）です。

4　行政手続法12条1項。最判平成27・3・3民集69巻2号143頁。この判決は、処分基準は行政庁の行政運営上の便宜だけでなく、不利益処分に係る判断過程の公正と透明性を確保し、相手方の権利利益の保護に資するために定められ公にされることを理由として、同旨の判示をしています。

問題4：1

標準処理期間（行手法6条）は7回出題されています。行政不服審査法16条（**標準審理期間**）と対比して整理しておきましょう。

1　行政手続法6条。標準処理期間は、申請に対する処分をなすのに通常必要とする期間を基準として判断しますが、期間の経過を正当とするような特段の事情がある場合には違法となることを免れます（東京地判昭和39・11・4行裁15巻11号2168頁参照）。

2　行政手続法6条。「標準処理期間を定めることが義務付けられており」が誤り。同条は、「定めるよう努める」と規定しています。

3　行政手続法6条。「国の行政機関が一律に設定しなければならない」が誤り。標準処理期間は、あくまで審査に要する標準的な期間にすぎません。[平成29年度 問題3-2]に類題があります。

4　行政手続法6条。「取り消されることがある」が誤り。

問題5：2

申請に対する審査と応答（行手法7条）は毎年度出題されています。

1 行政手続法7条。本肢の前段は、同条のとおりです。後段については、返戻は認められないので、返戻によって審査開始義務が免れることもありません。

2 行政手続法7条。本肢の前段は、同条のとおりです。後段が誤り。形式上の要件に適合しない申請については、速やかに、申請者に対し相当の期間を定めて当該申請の補正を求め、又は当該申請により求められた許認可等を拒否しなければなりません。

3 行政手続法33条。同条は、申請の取下げや内容の変更を求める行政指導があることを前提にしています。

4 行政手続法7条。「**受理**」の概念は行政手続法では認められていません。

問題6：3

行政手続法における不利益処分（行手法2条4号）では、同号ロが頻出です。

1 行政手続法2条4号イ。同号が「不利益処分」の定義を規定していますが、「**事実上の行為**」は除外されています。

2 同号ハ。「名あて人となるべき者の同意の下にすることとされている処分」も除外されています。

3 行政手続法18条1項、31条。前段の関係書類の閲覧権は、18条1項が規定しています。弁明の機会の付与については、31条で聴聞に関する手続を準用していますが、18条は準用されていません。したがって、弁明の機会の付与においては、文書等の閲覧権は認められていません。

4 行政手続法29条1項。本肢の前段は、同項のとおりです。後段が誤り。「相手方が口頭ですることを求めたときは」は、同項には規定されていません。

問題7：3

行政指導（行手法32条～36条の2）及び処分等の求め（行手法36条の3）は頻出です。

1 行政手続法36条の3第1項。「何人も」と「その行政指導は法律に根

拠を有するものでなければならない」がポイント。

2　行政手続法2条8号ニ、36条。**行政指導指針**の定義規定は2条8号ニ。本肢の内容は36条が定めているとおりです。

3　行政手続法33条。同条は、申請の取下げ又は内容の変更を求める行政指導が認められることを前提にした規定です。

4　行政手続法36条の3第3項。一定の行政指導をすることを求められた行政機関は、必要な調査を行い、その結果に基づき必要があると認めるときは、当該行政指導をしなければなりません。しかし、諾否の応答義務を負うことは規定されていません。

問題8：4

意見公募手続（行手法38条〜45条）は毎年度出題されています。

1　行政手続法39条1項。同項は、「広く一般の意見を求めなければならない」と規定し、意見を提出できる者を日本国民に限定していません。

2　行政手続法2条8号。同号の「命令等」には、「行政指導指針」（ニ）も含まれています。

3　行政手続法39条3項。同項では、「公示の日から起算して30日以上でなければならない」と規定されています。

4　行政手続法42条、43条1項。提出意見の考慮は42条、結果の公示は43条1項が規定しています。公示しなければならない事項として、提出意見の考慮結果とその理由を4号が規定していますが、意見提出者への結果の通知は要求していません。

問題9：3

行政不服審査法1条1項の穴埋め問題は[平成29年度 問題9]で出題されています。本問はその類題です。同項のキーワードはすべて答えられるようにする必要があります。

問題10：2

1　行政不服審査法1条2項。同項は、行政不服審査法が行政不服審査に

ついての**一般法**であることを明らかにしています。「他の法律」、すなわち**特別法**に特別の定めがある場合は特別法が優先されますので、適用除外の規定を特別法で定めることも可能です。

2　行政不服審査法1条2項。同項では、「行政庁の処分その他公権力の行使に当たる行為」を不服申立ての対象となる「処分」としています。しかし、行政不服審査法では「処分」とは何かを具体的に明らかにしていません。旧法では、「処分」について、「公権力の行使に当たる事実上の行為で、人の収容、物の留置その他その内容が継続的性質を有するもの（以下「**事実行為**」という。）が含まれるものとする」と規定していました。現行法も46条等に「事実上の行為」という文言があることから、事実行為に係る審査請求を予定しているといえます。したがって、現行法の「処分」にも「**継続的事実行為**」が含まれると解されます。

3　行政不服審査法2条。行政不服審査法は、「処分」一般が不服申立ての対象となるという建前の一般概括主義を採用しています。不服申立ての対象となる処分を列挙する列記主義は採っていません。

4　行政不服審査法3条。行政庁の不作為についての審査請求をすることもできます。

問題11：4

審査請求の適用除外（行審法7条）は頻出です。

1　行政不服審査法7条1項3号

2　行政不服審査法7条1項2号

3　行政不服審査法7条1項4号

4　行政不服審査法7条1項10号。「外国人の出入国又は帰化に関する処分」と規定されており、難民認定に係る処分は含まれていません。

問題12：4

再調査の請求（行審法5条）は毎年度出題されています。再審査請求（行審法6条）も頻出です。

1　行政不服審査法5条2項1号。「3月」などの数字は要注意です。

    2 　行政不服審査法6条2項

    3 　行政不服審査法6条1項

    4 　行政不服審査法5条2項。「当該再調査の請求についての決定を待たずに、いつでも」が誤り。再調査の請求をしたときは、原則として、当該再調査の請求についての決定を経た後でなければ、審査請求をすることができません。

問題13：2

　審査請求をすべき行政庁（行審法4条）は6回出題されています。特に1号は頻出です。

    1 　行政不服審査法4条1号。「処分庁等が主任の大臣…である場合」は、「当該処分庁等」すなわち当該主任の大臣に対して審査請求します。

    2 　行政不服審査法4条2号。「宮内庁長官…が処分庁等の上級行政庁である場合」は、「宮内庁長官」に対して審査請求します。

    3 　行政不服審査法4条2号。「国家行政組織法第3条第2項に規定する庁の長が処分庁等の上級行政庁である場合」に当たります。ここで「国家行政組織法第3条第2項」は、国の行政機関は省、委員会及び庁としています。したがって、審査請求すべき行政庁は、「当該庁の長」になります。

    4 　行政不服審査法4条3号。「主任の大臣が処分庁等の上級行政庁である場合」ですから、「当該主任の大臣」に対して審査請求します。

問題14：3

　不服申立てをすべき行政庁等の教示（行審法82条）は頻出です。教示については、行政不服審査法50条3項、55条、60条2項にも規定がありますので、併せて確認しておいてください。

    1 　行政不服審査法82条2項・3項

    2 　行政不服審査法82条1項。「他の法令に基づく不服申立てをすることができる処分をする場合」にも教示しなければなりません。

    3 　行政不服審査法82条1項。「行政事件訴訟を提起することができる処

分」の「行政事件訴訟」は、「他の法令に基づく不服申立て」に該当するようにも見えます。しかし、本条の教示制度は行政不服申立制度の円滑な活用を図るために設けられたものです。そのため、行政不服審査制度とは別個独立の行政事件訴訟法の管轄裁判所や出訴期間等の教示は意図されていません。したがって、裁決庁（行政庁）には行政事件訴訟の出訴期間について教示すべき法律上の義務はありません（大阪地判昭和45年2月25日訟月16巻6号654頁）。

　4　行政不服審査法82条1項

問題15：2

　期間、人数などの数字は出題されやすいので要注意です。

　　1　行政不服審査法18条1項かっこ書。処分についての審査請求については「3月」ですが、当該処分について再調査の請求をしたときは「1月」です。

　　2　行政不服審査法54条1項。起算点は、「処分があったことを知った日から」ではなく、「処分があったことを知った日の翌日から」であることにも注意してください。

　　3　行政不服審査法62条1項、6条。「3月」ではなく「1月」です。

　　4　行政不服審査法44条。「速やかに」ではなく「遅滞なく」。

問題16：2

　執行停止（行審法25条）は6回出題されています。行政事件訴訟法25条にも執行停止の条文がありますので、まとめて整理しておきましょう。

　　1　行政不服審査法25条2項。「審査請求人の申立て」のほか「職権で」執行停止の措置をとることができる点に注意してください。

　　2　行政不服審査法26条。「取り消さなければならない」ではなく、「取り消すことができる」です。

　　3　行政不服審査法25条3項。「処分庁の上級行政庁又は処分庁のいずれでもない審査庁」が執行停止の措置をとる場合は、2項と比較して要件・効果が限定的です。

4　行政不服審査法25条7項。「速やかに」決定しなければならない点に
　　　注意してください。審理員による執行停止の意見書の提出（行審法40
　　　条）も平成29年度から続けて出題されています。

問題17：3

　裁決（行審法44条～53条）は毎年度出題されています。特に、**事情裁決**（行審
法45条3項）、**不利益変更の禁止**（行審法48条）は頻出です。裁決については、
行政事件訴訟法と比較してまとめておくとよいでしょう。

　　1　行政不服審査法45条1項。「不適法である場合」が却下（いわゆる門
　　　前払い）、「理由がない場合」（同条2項）が棄却です。

　　2　行政不服審査法45条2項

　　3　行政不服審査法48条。不利益変更の禁止の原則は、行政運営の適正確
　　　保よりも審査請求人の権利利益の救済を優先する発想が表れています。

　　4　行政不服審査法52条1項。「関係行政庁を拘束する」とは、関係行政
　　　庁が裁決の趣旨に沿った行動をとるよう義務付けられるという趣旨です。
　　　つまり、処分庁は、従前と同一の事実関係において従前と同一の理由に
　　　よって従前と同一の行政処分を下すことはできなくなります。

問題18：3

　取消訴訟の原告適格（行訴法9条）は重要判例が多数出ており、考査でも6
回出題されています。原告適格については、行訴法36条（無効等確認の訴え）、
37条（不作為の違法確認の訴え）、37条の2・37条の3（義務付けの訴え）、37条
の4（差止めの訴え）、42条（民衆訴訟、機関訴訟）にも規定があります。併せて
確認しておいてください。

　　1　行政事件訴訟法9条1項。

　　2　行政事件訴訟法9条1項かっこ書。たとえば、免職処分を受けた公務
　　　員が取消訴訟係属中に公職に立候補した場合、公職選挙法90条の規定に
　　　より公務員たる地位を回復できなくなりますが、違法な免職処分がなけ
　　　れば公務員として有するはずであった給料請求権その他の権利、利益を
　　　回復するために、なお訴訟を追行する利益を有する、とした判例があり

ます（最大判昭和40・4・28民集19巻3号721頁）。

3　行政事件訴訟法37条。不作為の違法確認訴訟の原告適格は、「処分又は裁決についての申請をした者」に限られます。

4　行政事件訴訟法36条。

問題19：4

被告適格（行訴法11条）は複雑で間違いやすいので、正確に頭に入れておいてください。

1　行政事件訴訟法11条1項1号。「委任を受けた行政庁」は、同号の「当該処分をした行政庁」になります。

2　行政事件訴訟法11条1項2号。

3　行政事件訴訟法11条2項。たとえば、独立行政法人や特殊法人などの法人自身が行政庁になる場合があります。これら法人は国・公共団体とは別個独立の存在であるため、法人自身を被告とするほかないと考えられたことによります。

4　行政事件訴訟法11条5項。「速やかに」ではなく、「遅滞なく」です。

問題20：1

執行停止（行訴法25条）は6回出題されています。行政不服審査法25条の執行停止の規定と比較して整理しておいてください。

1　行政事件訴訟法25条6項。

2　行政事件訴訟法25条2項ただし書。

3　行政事件訴訟法25条2項本文。「職権で」が誤り。「申立てにより」です。

4　行政事件訴訟法25条、27条4項。内閣総理大臣の異議は裁判所の決定を覆すという強力な効果をもちます。

問題21：3

仮の義務付け及び仮の差止め（行訴法37条の5）は頻出です。今後も出題が予想される重要分野です。

1 行政事件訴訟法37条の5第1項・2項。**手続要件**として規定されています。

2 行政事件訴訟法37条の5第3項。**消極要件**として規定されています。

3 行政事件訴訟法37条の5第1項。「重大な損害」ではなく、「償うことのできない損害」となっており、**積極要件**は加重されています。

4 行政事件訴訟法37条の5第4項。準用条文において27条（内閣総理大臣の異議）も含まれています。

問題22：3

自白については、さまざまな角度からの出題が考えられます。定義、効果、自白の撤回、弁論主義の第2原則との関係などを整理しておいてください。

1 民事訴訟法179条。同条は、「裁判所において当事者が自白した事実及び顕著な事実は、証明することを要しない」と規定しています。自白には、①証明不要効（証拠調べは要しない）、②審判排除効（裁判所に対する拘束力）、②撤回禁止効（当事者間における拘束力）という3つの効果があります。審判排除効は、弁論主義の第2原則でもあります。

2 自白の撤回禁止効。裁判上の自白をした当事者は、当事者間における自白の拘束力により、自白の撤回をすることが禁止されます。

3 権利自白。定義は本肢のとおりです。判例は権利自白に拘束力を認めることを否定しています（最判昭和30・7・5民集9巻9号985頁）。法の解釈・適用は裁判所の専権であり、裁判所の判断を排除することはできないことなどが理由です。

4 自白の撤回。裁判上の自白が例外的に撤回できるのは、①相手方が撤回に同意した場合、②刑事上罰すべき他人の行為により自白した場合、③自白内容が真実に反し、かつ、錯誤に基づく場合です。本肢は、反真実と錯誤を「又は」で結んでいますが、正しくは「かつ」です。

問題23：2

証拠については、事実認定の構造を正確に理解しておくことが重要です。

ア ○ 直接証拠とは、要証事実である主要事実を直接に証明できる内容

を持つ証拠です。売買契約書は、売買契約が成立したことの直接証拠になります。

イ　×　証人Cは、ＡＢ間の売買契約締結の現場に直接立ち会ったわけではありません。Cの証言は間接証拠であって直接証拠ではありませんが、間接証拠から間接事実を認定し、さらに間接事実から要証事実である主要事実を推認することができます。したがって、Cの証言を証拠として採用することはできます。

ウ　○　民事訴訟法247条。同条は自由心証主義を規定しています。本肢は同条の内容です。

エ　×　証明の対象は、法律効果の発生に必要な主要事実ですが、間接事実や補助事実も主要事実の認定に必要な限度で証明の対象になります。したがって、間接事実や補助事実を証明するための証拠も、証拠として採用することができます。

以上より、イとエが誤りですから、正解は２となります。

問題24：3

二段の推定（民訴法228条４項）は頻出です。具体的な事案を想定して理解することがポイントです。

1　民事訴訟法228条４項。「署名及び押印」ではなく、「署名又は押印」です。

2　最判昭和50・6・12判時783号106頁。私文書中の印影が**作成名義人**の印章によっていることから当該名義人の意思により印影が顕出されたと事実上推定するためには、名義人の印章が印鑑登録された実印である必要はないが、当該名義人の印章であることを要し、名義人が他の者と共有・共用している印章（家族共用の三文判）では足りない、と判示しています。したがって、本肢の「名義人の印章が印鑑登録された実印である必要がある」は誤りです。

3　最判昭和50・6・12判時783号106頁。上記２の解説のとおり、「私文書中の印影を顕出した印章が家族と共用している印章」では足りず、当該名義人の印章であることを要します。

4　本肢では、「脅されて危害を加えられるおそれがあったため、やむなく署名した」ことが強迫に当たると考えられます。この点については、強迫という抗弁の問題となるのであって、「意思に基づく署名」がないとして、請求原因である意思表示の存在自体を否定することにはならないことが多いです。

問題25：2

［平成29年度 問題24］で同形式の類題が出されています。

「Xが請求原因として主張しなければならない要件事実」をXの言い分の中から抽出します。本問ではまず、売買契約が成立するための要件は何かを考えます。参照条文である民法555条を読むと、①財産権（目的物）の移転の合意、及び、②代金支払いの合意の２つであることがわかります。これらの合意があったといえるためには、①目的物、②代金額又は代金額の決定方法が確定していることが必要になります。

これを【Xの言い分】について検討すると、「①私は」が契約当事者、「③甲土地」が目的物、「⑤売り」が財産権（目的物）移転の合意、「⑦代金は2000万円」が代金額にそれぞれあたります。したがって、正解は２です。

なお、「②私が所有していた」は、売主の目的物所有についてですが、民法555条は売買の目的物の所有権帰属については何も要求していません。他人物売買も有効に成立します（民法561条）。したがって、売主の目的物所有は、売買契約成立の要件にはなりません。

また、「④今後私自身で使用する予定がないので」はXの事情にすぎず、「⑥その日に甲土地を引き渡しました」は要物契約ではない売買契約では成立要件にはなりません。「⑧支払期日は同年６月30日」は代金債務の履行期限の合意ですが、売買契約においては、特に期限の合意がない限り、売主は直ちに代金の支払いを求めることができると考えられます。したがって、売主は、期限の合意及びその期限の到来に当たる事実を主張・立証する必要はありません。期限の合意に当たる事実は、Yが主張・立証責任を負う抗弁であり、その期限の到来に当たる事実は、期限の合意に対するXの再抗弁になります。

問題26：1

　問題25は売買契約に基づく代金支払請求訴訟の要件事実についての問題でしたが、本問は貸金返還請求訴訟の要件事実がテーマです。貸金返還請求訴訟の要件事実は、今後の出題が予想されますので、しっかり理解しておくことが必要です。本問の解説は、「第3章 要件事実・事実認定論の総復習」の「1 要件事実（9）事例②（貸金返還請求）解説」を参照してください。

問題27：3

　請求原因の主張に対する被告の争い方には、抗弁と否認の2つがありますが、両者の区別は毎年出題されており、要件事実の分野では最頻出です。［令和4年度 問題23・24］［令和3年度 問題25・26・27・28］［令和2年度 問題24・27］［令和元年度 問題25］［平成30年度 問題25・26］［平成29年度 問題21］［平成28年 問題24］［平成27年 問題24・25］で出題されています。

　1　否認。売買契約書の変造という反論は、売買契約の締結という事実と両立せず、否認となります。

　2　否認。消費貸借契約を締結したというAの主張と、「贈与した」というBの主張は両立せず、否認となります。

　3　抗弁。消費貸借契約を締結したというAの主張に対し、Bは相殺の反論をしています。対等額での相殺の反論は、消費貸借契約締結の事実と両立し、法律効果を消滅させることから、抗弁となります。

　4　否認。消費貸借契約を締結したというAの主張と、「現金50万円は受け取っていない」というBの主張は両立せず、否認となります。

問題28：4

　1　原告は、請求原因の主張としては、当該処分が違法であるとの概括的主張をすれば足ります。当該処分が適法であることの主張・立証責任は、原則として被告（行政）側にあるため、原告は争点を提示する程度の違法性の具体的主張をすればよいことになります。

　2　取消訴訟の実務においては、被告が主張・立証責任を負う**適法要件**の要件事実のうち、原告が問題とするもの、及び重要かつ主要なものにつ

いてのみが主張・立証の対象となっています。その他の適法要件については、裁判所は、弁論の全趣旨から包括的にその存在を判断しています。

3　行政事件訴訟法10条2項。同条項は、「処分取消しの訴えと裁決取消しの訴えを提起することができる場合は、裁決取消しの訴えでは処分の違法を理由として取消しを求めることはできない」と規定し、いわゆる**「原処分主義」**を採用しています。裁決取消しの訴えは**形成訴訟**であり、裁決の違法一般が訴訟物となります。裁決の違法一般が訴訟物であると考えた場合、**原処分**の違法も当然に違法事由に含まれることになるはずですが、同条項は、原処分の違法は訴訟物とはならないとしています。

4　取消訴訟を形成訴訟とするということは、一応有効とされている権利関係（**公定力**）を処分の違法という**形成原因**を主張することによって覆滅させ無効として、権利関係を変動させる（公定力を排除する）のが取消訴訟であると考えることになります。

　　取消訴訟の本質が公定力の排除にあり、当該処分が違法な場合に公定力が排除されると理解すると、訴訟物は「問題とされている行政処分の違法一般」であると解されます。

問題29：1

　いわゆる業際問題を含むテーマです。業際問題については、弁護士法72条、司法書士法73条等も理解しておいてください。

1　行政書士法1条の2。**「権利義務又は事実証明に関する書類」**の作成は行政書士の法定業務です（行政書士法1条の2第1項）。しかし、紛争性のある「一般の法律事務」は弁護士の職務であり（弁護士法3条）、弁護士法72条に抵触することになります。したがって、「他の法律において制限されているもの」（行政書士法1条の2第2項）に当たるため、行政書士が作成することはできません。

2　行政書士法1条の2、弁護士法72条。本肢の前段は、行政書士の業務です（行政書士法1条の2第1項）。後段の「訴訟手続における準備書面の作成」は、弁護士法72条の「法律事務」に当たりますから、行政書士が報酬を得る目的で業として行うことができません（行政書士法1条の2

第2項）。

3　行政不服審査法12条、61条、66条。同法12条1項は、「審査請求は、代理人によってすることができる。」と規定し、行政書士法1条の3第1項2号及び2項が、特定行政書士が審査請求の代理人になれる旨を定めています。ただし、行政不服審査法12条2項ただし書は、「審査請求の取下げは、特別の委任を受けた場合に限り、することができる。」としています。そして、行政不服審査法61条（再調査の請求）及び66条（再審査請求）が12条を準用しています。したがって、本肢の「特段の制限なく」が誤りです。

4　行政書士法1条の2第1項。同項は、「権利義務又は事実証明に関する書類（実地調査に基づく図面類を含む。）」と規定しています。

問題30：2

1　行政書士法19条の3。同条は、「**行政書士の使用人**」は、正当な理由がなく、その業務上取り扱った事項について知り得た秘密を漏らしてはならないと規定しています。行政書士Aの補助者Bは、「行政書士の使用人」であり、**守秘義務**が課されています。そしてAには、補助者Bに対して、「会員の責任において指揮命令及び監督をしなければなら」ない責務があります（行政書士会補助者規則（準則））。

2　行政書士法12条。同条は、「行政書士は、正当な理由がなく、その業務上取り扱った事項について知り得た秘密を漏らしてはならない。」と規定しています。行政書士Aは、被告となった損害賠償請求訴訟においてBの個人情報を開示していますが、「必要な範囲」に限定しています。これが一切認められないとすると、被告となったAの訴訟上の権利が著しく制限されてしまいます。本肢は、行政書士Aに責任が生じる可能性が最も低いと考えられます。

3　行政書士法12条。受任案件のファイルには「秘密」が記載されていますので、家庭用ゴミと一緒に処分することは同条に違反します。当該案件が5年以上前に処理が終了していることは、免責事由とはなりません。

4　行政書士法12条。受任案件の内容をフェイスブックにアップすること

は、たとえ公開範囲を限定したとしても、「秘密」を漏らす行為に当たりますから、同条違反になります。

参考文献等

◎は特におすすめ

（1）行政法

　入門書としては、藤田宙靖『行政法入門［第7版］』が口語体で話しかける
ように書かれておりおすすめです。藤田先生は、元最高裁判事、東北大学名誉
教授。行政法3法の各条文の平易な解説書としては、高木光他『行政救済法
［第2版］』があります。条文を読んでいてわからない部分があったとき、参
照するのに便利です。

◎　藤田宙靖『行政法入門［第7版］』（有斐閣、2016年）

◎　高木光・常岡孝好・橋本博之・櫻井敬子『行政救済法［第2版］』（弘
　　文堂、2015年）

○　櫻井敬子・橋本博之『行政法［第6版］』（弘文堂、2019年）

○　中原茂樹『基本行政法［第3版］』（日本評論社、2018年）

○　宇賀克也『行政不服審査法の逐条解説［第2版］』（有斐閣、2017年）

○　宇賀克也他編『行政判例百選Ⅰ・Ⅱ［第8版］』（有斐閣、2022年）

（2）要件事実論

　司法研修所編『改訂　新問題研究　要件事実』は、司法研修所及び法科大学
院で使われているスタンダードなテキストです。これを補充するため、大島眞
一『新版　完全講義　民事訴訟実務の基礎［入門編］［第2版］』を読むのが
よいでしょう。

◎　司法研修所編『改訂　新問題研究　要件事実』（法曹会、2023年）

◎　大島眞一『新版　完全講義　民事訴訟実務の基礎［入門編］［第2版］』
　　（民事法研究会、2018年）

◎　岡口基一『ゼロからマスターする要件事実』（ぎょうせい、2022年）

○　日本行政書士会連合会中央研修所監修『行政書士のための要件事実の基
　　礎　第2版』（日本評論社、2020年）

○　藤田広美『講義　民事訴訟［第3版］』（東京大学出版会、2013年）

○　和田吉弘『民事訴訟法から考える要件事実［第2版］』（商事法務、2013年）

○　司法研修所編『10訂　民事判決起案の手引（補訂版）』（法曹会、2020年）

（3）民事事実認定論

司法研修所編『改訂　事例で考える民事事実認定』は、貸金返還請求の事例について裁判官と2人の司法修習生が会話形式で議論を進めています。具体的な思考方法を身に付けることができ、図表等も参考になります。

◎　司法研修所編『改訂　事例で考える民事事実認定』（法曹会、2023年）

○　林道晴・太田秀哉編『ライブ争点整理』（有斐閣、2014年）

（4）民事訴訟法

民事訴訟法は、手続の流れを大づかみに把握することがまずは必要です。日本行政書士会連合会中央研修所監修『行政書士のための要件事実の基礎　第2版』の民事訴訟法総論（2−48頁）の部分が簡潔にまとまっています。

◎　日本行政書士会連合会中央研修所監修『行政書士のための要件事実の基礎　第2版』（日本評論社、2020年）：民事訴訟法総論（2−48頁）の部分

○　藤田広美『講義　民事訴訟［第3版］』（東京大学出版会、2013年）

○　林屋礼二『新民事訴訟法概要［第2版］』（有斐閣、2004年）

○　司法研修所監修『第4版　民事訴訟第一審手続の解説 ―事件記録に基づいて―』（法曹会、2020年）

（5）民法

近時、債権法分野及び相続法分野が大きく改正されました。改正部分を反映した民法全体の体系書として、潮見佳男『民法（全）第3版』があります。債権法改正については、山本敬三『民法の基礎から学ぶ　民法改正』が基礎からわかりやすく説明しています。相続法改正は、東京家庭裁判所家事第5部編著

『東京家庭裁判所家事第５部（遺産分割部）における相続法改正を踏まえた新たな実務運用（家庭の法と裁判号外）』、及び、堂薗幹一郎、神吉康二『概説　改正相続法―平成30年民法等改正、遺言書保管法制定―』を読むとよいでしょう。

○　潮見佳男『民法（全）第３版』（有斐閣、2022年）

○　山本敬三『民法の基礎から学ぶ　民法改正』（岩波書店、2017年）

○　東京家庭裁判所家事第５部編著『東京家庭裁判所家事第５部（遺産分割部）における相続法改正を踏まえた新たな実務運用（家庭の法と裁判号外）』（日本加除出版、2019年）

○　堂薗幹一郎、神吉康二『概説　改正相続法―平成30年民法等改正、遺言書保管法制定―』（金融財政事情研究会、2019年）

○　内田貴『民法　Ⅰ～Ⅳ』（東京大学出版会）

（6）行政書士法

○　日本行政書士会連合会『行政書士関係法規集』（日行連、2018年）

○　日本行政書士会連合会編『条解　行政書士法　―第一分冊（業務編）―（改訂版）』（日行連、2021年）

○　地方自治制度研究会編『詳解　行政書士法　第４次改訂版』（ぎょうせい、2016年）

○　兼子仁『行政書士法コンメンタール　新13版』（北樹出版、2023年）

○　坂本廣身『新版　行政書士の繁栄講座』（愛育出版、2017年）

（7）特定行政書士実務

審査請求手続における審理員のノウハウ、不服申立て代理人のスキル・心構えが具体的に書かれているのが、ぎょうべんネット編『新行政不服審査法　審理員のノウハウ・不服申立代理人のスキル　―新制度を使いこなすために』です。実務をイメージするのにおすすめです。

実務上・研究上重要と思われる答申・裁決を紹介し解説した行政手続研究会『行政不服審査　答申・裁決事例集』は、不服申立事例を具体的に学ぶ教材として適しています。筆者も、この本の５事例を執筆しています。

◎　ぎょうべんネット編『新行政不服審査法　審理員のノウハウ・不服申立代理人のスキル ―新制度を使いこなすために』（民事法研究会、2016年）

○　行政手続研究会『行政不服審査　答申・裁決事例集』（日本法令、2021年）

○　日本行政書士会連合会『特定行政書士業務ガイドライン［第2版］』（日行連、2019年）

○　日本弁護士連合会行政訴訟センター編『改正行政不服審査法と不服申立実務』（民事法研究会、2015年）

（8）コンプライアンス

○　『特定行政書士法定研修テキスト』（日行連）

○　日本行政書士会連合会『特定行政書士業務ガイドライン［第2版］』（日行連、2019年）

○　『行政書士必携～コンプライアンスの確立のために～』（日行連、2022年）

○　『行政書士の倫理と専門家責任』（日行連、2007年）

○　大島眞一『新版　完全講義 民事裁判実務の基礎［入門編］［第2版］―要件事実・事実認定・法曹倫理』（民事法研究会、2018年）

（9）法律文書の書き方等

　高橋和之・伊藤眞他『法律学小事典　第5版』は、六法とともに常に手元に置いておくべき事典です。執筆者は各分野の権威であり、内容もわかりやすいです。

◎　高橋和之・伊藤眞他『法律学小事典　第5版』（有斐閣、2016年）

○　法制執務用語研究会『条文の読み方［第2版］』（有斐閣、2021年）

○　吉田利宏『新法令用語の常識［第2版］』（日本評論社、2022年）

○　伊藤正己・加藤一郎編『現代法学入門［第4版］』（2005年、有斐閣）

○　木山泰嗣『新・センスのよい法律文章の書き方』（中央経済社、2018年）

○　野矢茂樹『論理トレーニング101題』（産業図書、2001年）

○　「論理的に伝える」法学教室448号（有斐閣、2018年1月）

○　本多勝一『〈新版〉日本語の作文技術』（朝日新聞出版、2015年）

○　佐々木繁範『思いが伝わる、心が動く　スピーチの教科書』（ダイヤモンド社、2012年）

（10）六法

必ず最新の六法を使ってください。『判例六法　Professional　令和5年版』は定評があります。

○　『判例六法　Professional　令和5年版』（有斐閣、2022年）

【研修サイト】

　　日本行政書士会連合会中央研修所　研修サイト（ビデオ・オン・デマンド研修）

◎　〈特定行政書士プレ研修〉確認テスト

○　〈特定行政書士プレ研修〉要件事実

○　「行政書士コンプライアンス研修①　業際問題」

あとがき

　私が受験した第1回考査（平成27年度）のお話をします。

　なにしろ初回ですから、どのような問題が出されるのか皆目見当がつかず、いわば暗闇を手探りで進むような不安を抱えながら勉強していました。一緒に考査を受けた皆さんも同様だったはずです。

　法定研修は夏の盛りに講義があります。会場のホテルに長時間閉じ込められ、座っているのは苦痛です（現在は、研修サイトでのe-ラーニング研修を各自視聴する形式に変更されています）。何回目かの講義が終った後、私を含めた松本支部の7名で居酒屋に暑気払いに出かけました。終日講義を受けて、もう勉強の話などする気にはなりません。ただ、今にして思うと一つだけ、私がこの会の皆さんにお勧めしたことがありました。それは、日行連中央研修所研修サイトの「〈特定行政書士プレ研修〉確認テスト」はやっておいた方がいいよ、ということです。この確認テストが唯一、考査対策の公式の手がかりだったからです。

　結果（かどうかわかりませんが）、暑気払いの7名は全員合格しました。100％の合格率です。

　試験一般にいえることですが、重要なのは、①基本を習得すること、②過去問を分析し対策を立てること、の2点だと考えています。

　考査を受験される皆さんから私には毎年、「過去問を勉強したいので、問題をいただきたい」という問い合わせがあります。しかし、問題・解答は公表されていませんので、残念ながらお断りしてきました。

　本書では、このような皆さんの不安を解消できればと願っています。特定行政書士になろう、考査を受けようという行政書士は減少傾向にあります。しかし、紛争性のある分野に特定行政書士が参入したのですから、制度を維持・発展させるためにも合格者を増やすことは喫緊の課題です。また、特定行政書士

になられた皆さんも、さらに研鑽を積み、実務に対応できるようにする必要があります。本書では書式例を掲載したほか、参考文献も紹介していますのでご活用いただければと思います。

　特定行政書士法定研修考査の合格発表は12月初めにあります。考査対策セミナーを受講された皆さんからは毎年、電話やメール等で「合格しました。どうもありがとうございました」というご報告をいただいています。講師として何より嬉しい瞬間です。

　本書をお読みいただき勉強された皆様からも、吉報をいただけることをお待ちしております。
　ご健闘を心よりお祈りしています。

令和5年6月
岡田　忠興

用語索引

重要度の高い解説が掲載されている頁数を太字で表記しています。

判例索引

著者紹介

岡田　忠興（おかだ　ただおき）

1988年　東北大学法学部卒業

同　年　読売新聞東京本社入社（編集記者）

2008年　琉球大学大学院法務研究科（法科大学院）修了（法務博士）

2010年　行政書士登録

2015年　特定行政書士登録

現在　　岡田行政書士事務所代表、長野地方裁判所民事調停委員、長野家庭裁
　　　　判所家事調停委員、行政相談委員、全国通訳案内士（英語）、保育士等

著書　　『行政書士　渉外相続業務「外国法調査・手続」と「国際私法の基
　　　　礎」』（税務経理協会、2021年）

　　　　『在留資格・渉外相続・司法通訳－多文化共生と行政書士業務』（税
　　　　務経理協会、2023年）

　　　　行政手続研究会（編）『行政不服審査　答申・裁決事例集』（共著）
　　　　（日本法令、2021年）

特定行政書士法定研修考査　合格対策
要点解説と模擬問題（第2版）

2019年9月30日　初版発行
2023年7月30日　第2版発行

著　者　岡田忠興

発行者　大坪克行

発行所　株式会社 税務経理協会
　　　　〒161-0033東京都新宿区下落合1丁目1番3号
　　　　http://www.zeikei.co.jp
　　　　03-6304-0505

印　刷　光栄印刷株式会社

製　本　牧製本印刷株式会社

本書についての
ご意見・ご感想はコチラ

http://www.zeikei.co.jp/contact/

ISBN 978-4-419-06922-3　C3032